高职高专院校金融专业校企合作教材·金融实训系列

银行技能训练

主　编　陈世文　陈意新
副主编　张　立

华南理工大学出版社
·广州·

内 容 简 介

本书是高职高专院校金融专业学生加强商业银行专业技能教学的系统实训教材。本教材以高职高专学生为主要对象，围绕培养高技能人才实践教学的需要，系统地介绍了金融专业人员必须掌握的一些商业银行基本业务技能和训练方法。在多方调查了解商业银行近些年来柜台操作技能的发展、变化的基础上，力求详细、系统地介绍目前商业银行普遍设立或从发展趋势看愈显重要的技能项目，包括点钞与伪钞鉴别、计算技术、数码字书写、输入法、日常现金管理规范、利息计算等。

图书在版编目（CIP）数据

银行技能训练／陈世文，陈意新主编．—广州：华南理工大学出版社，2011.2（2019.8 重印）

（高职高专院校金融专业校企合作教材·金融实训系列）

ISBN 978-7-5623-3125-4

Ⅰ.①银… Ⅱ.①陈… ②陈… Ⅲ.①银行业务－高等学校：技术学校－教材 Ⅳ.①F830.4

中国版本图书馆 CIP 数据核字（2011）第 013994 号

总 发 行：华南理工大学出版社（广州五山华南理工大学 17 号楼，邮编 510640）
营销部电话：020－87113487 87110964 87111048（传真）
E-mail：scutc13@scut.edu.cn http://www.scutpress.com.cn

责任编辑：袁 泽

技术编辑：杨小丽

印 刷 者：虎彩印艺股份有限公司

开　　本：787mm×960mm 1/16 **印张**：6.75 **字数**：157 千

版　　次：2011 年 2 月第 1 版 2019 年 8 月第 4 次印刷

定　　价：18.00 元

前　言

随着外资金融机构在我国境内设立及业务范围的逐步放开，境内金融同业的竞争更趋激烈。国内商业银行要在激烈的竞争中胜人一筹，提供更为优质的服务以稳定和吸引客户是一个重要方面，而提高员工的技能操作水平是保证优质服务的最基本的方面。

高职高专金融专业肩负着培养高素质技能型金融人才的重要使命。根据高技能金融专门人才应具备的职业能力和素质，结合高等职业教育的特点，我们编写了《银行技能训练》实训教材，它是高职高专院校金融专业学生加强商业银行专业技能教学的系统实训教材。它以高职高专学生为主要对象，围绕培养高技能人才实践教学的需要，系统地介绍了金融专业人员必须掌握的一些商业银行基本业务技能和训练方法。在多方调查了解商业银行近些年来柜台操作技能的发展、变化的基础上，力求详细、系统地介绍目前商业银行普遍设立或从发展趋势看愈显重要的技能项目，包括点钞与伪钞鉴别、计算技术、数码字书写、输入法、日常现金管理规范、利息计算等。

本实训教材主要由广州工商职业技术学院财金信息管理系金融专业教师编写，陈世文、陈意新担任主编，张立担任副主编。参编人员还包括刘卫敏、龚永青、钟嘉毅、陈聪、曹献雨、张新、张华、师堂明、叶羽钢、陈晖等。在编写过程中也得到广州银行专家的指导。由于编者水平所限，书中错漏不当之处，恳请读者批评指正。

陈意新

2010 年 11 月

目 录

项目一　商业银行技能训练概述

任务一　商业银行技能训练的重要性

高等职业教育就是为了培养高素质技能型人才。作为金融专业学生，必须掌握过硬的专业技能本领，对于点钞、假币鉴别、打字、计算器使用、银行票据书写等基本技能进行全面掌握，提高实践与动手能力，做到教学与实际工作的对接。

根据各银行对于银行基本技能的要求，过硬的专业技能是高职金融毕业生在激烈的竞争中生存的制胜法宝（见表1－1）。

表1－1　部分金融机构当前考核技能项目

单位名称	技能项目
中国工商银行	手工点钞、传票输入、汉字输入、计算器翻打传票
中国农业银行	手工点钞、机器点钞、汉字输入
中国银行	手工点钞、电脑传票输入、英文打字、计算器快速加减计算、外币兑换
中国建设银行	手工点钞、电脑传票输入、英文打字、计算器快速加减计算
广州农村信用社	手工点钞、机器点钞、电脑传票输入、英文打字、计算器快速加减计算、手工翻打传票
广东发展银行	手工点钞、机器点钞、电脑传票输入、英文打字、计算器快速加减乘除计算

金融专业的学生，要熟练掌握银行基本技能，不仅要学会点钞、计算器盲打等技能，更重要的是通过手、脑、眼并用，开发学生智力，在提高学生动手能力的同时，培养学生的学习兴趣，通过考核、技能大赛等增强学生的自信心。只有具备了扎实的基本功和综合素质，才能在职业舞台上展示技能，得到个性化发展的机会，为银行企业的发展作出贡献。掌握银行技能的重要性具体表现在以下几个方面。

1．从银行专业角度看

熟练掌握银行专业技能，是每一个金融专业学生将来就业和发展所必须掌握的基本功，只有熟练掌握了专业技能，才能提高工作效率和工作质量。

实际银行综合柜台业务都是以收付现金、点钞开始的，在具体的操作中，只有熟练点钞、计算、打字，才能为银行客户及时、准确地办理业务。

2. 从综合提高专业素质角度看

熟练掌握银行技能，通过手眼脑并用及专门训练，可以提高动手能力、协调能力，培养竞争意识，开发学生智力，增强学生学习兴趣，进而借助技能实训这个平台，全面提高学生的综合学习能力。技能学习的过程，是一个从好奇、陌生到逐渐喜欢，不断提高的过程，当你收获自己的辛勤成果时，才能体会到耕耘的喜悦和收获。

3. 从银行柜台业务的角度看

熟练掌握银行技能，关系到银行的形象，如果专业技能掌握不好，业务不熟练，就势必会影响银行形象，怠慢客户，引起不必要的纠纷，给银行企业造成经济损失。

任务二　如何进行商业银行技能训练

银行技能是一个综合技能的组合，种类较多，各自的使用情况、功能和适用条件也有所不同，学习者可以按照实际工作流程，结合自己的兴趣、爱好，按照先易后难的原则，循序渐进地进行学习和训练，不断体验成功和进步的感觉，增强学习的自信心。

要想提高银行技能水平，除了良好的学习态度之外，还必须多看、勤练，多种技能交叉练习，找到学习的乐趣和方法。

1. 多看

作为与货币打交道的金融专业学生，应通过多看钱币，多观察真假币有关的特征，增加对真币的敏感度。

2. 勤练

体验熟能生巧的感觉，训练要有连续性，这样才会达到较快的速度。特别是点钞、计算器盲打、翻打等专业技能，在一段时间内要坚持每天至少练习 20 分钟，不能间断，要持之以恒，才会有所提高和收获。

3. 多种技能交叉练习

点钞练习、计算器盲打、翻打是较为枯燥又需要很多时间训练才能掌握的技能，对同学们的意志和耐力是一种考验。在练习疲劳时，可以结合点钞技能、数码字书写等进行交叉练习，缓解大脑紧张，提高训练效果。

项目二　点钞与伪钞鉴别

【案例导入】

中国人民银行、中国银行业监督管理委员关于进一步加强
人民币收付业务管理的通知（银发〔2009〕18号）

中国人民银行上海总部，各分行、营业管理部、省会（首府）城市中心支行，深圳市中心支行，各银监局，中国农业发展银行，各国有商业银行，股份制商业银行，中国邮政储蓄银行：

为了进一步加强人民币流通管理，提高流通中人民币整洁度，有效防范假币，维护人民币信誉，切实保护公众利益，各金融机构应加强人民币收付业务管理，现将有关事宜通知如下：

一、各金融机构要提高服务意识，认真贯彻执行有关人民币收付业务规定，规范人民币收付业务。办理人民币存取款业务的金融机构要按照《中华人民共和国人民币管理条例》、《中国人民银行残缺污损人民币兑换办法》（中国人民银行令〔2003〕第7号发布）等法规，根据合理需要的原则，为公众办理人民币券别调剂业务；按规定无偿为公众兑换残缺、污损的人民币。金融机构要自觉接受公众的监督，认真受理顾客的投诉，切实改进和规范人民币收付业务。

二、各金融机构要重视回笼人民币的整点工作，制定切实有效的内控机制。办理人民币存取款业务的金融机构要认真执行《不宜流通人民币挑剔标准》（银发〔2003〕226号文印发），做到柜面收到的每一张（枚）人民币都按照标准经过整点，将不宜流通的人民币交存人民银行，防止不宜流通的人民币对外支付。人民银行各分支机构要加大对人民币流通管理工作的监管力度，对辖区内金融机构人民币收付业务进行现场检查，对违规行为要及时纠正，并按照有关规定进行查处。

三、加大反假货币宣传力度，不断增强公众爱护人民币、防范假币的意识。各金融机构要采取各种形式，加大反假货币宣传力度，尤其是对老年人、农民工等弱势群体的宣传。人民银行分支机构要充分发挥城市社区和农村乡镇两个反假货币宣传网络的作用，通过广播、电视、报纸等媒体和发放反假货币宣传资料等手段，传播人民币防伪特征，以提高公众的人民币知识水平和爱护人民币意识。

四、各金融机构要加大对临柜人员货币知识与技能的培训，加强柜面反假货币堵截能力。办理人民币存取款业务的金融机构要认真执行《中国人民银行假币收缴、鉴定

管理办法》（中国人民银行令〔2003〕第4号发布），规范假币收缴程序；要加大对一线临柜人员货币知识与技能的培训，特别是要加强对人民币收付业务量较大营业网点一线临柜人员的培训，使临柜人员能够及时、准确地堵截假币；人民银行各分支机构和各银监局要指导和督促商业银行进一步完善人民币服务设施，及时升级或更换相应的机具设备；督促金融机构建立货币信息公示栏，及时公示人民币有关防伪特征、提示客户增强防范识假意识，维护自身权益，形成良好的人民币使用习惯。

请中国人民银行上海总部，各分行、营业管理部、省会（首府）城市中心支行，深圳市中心支行将本通知转发至辖区内城市商业银行、农村商业银行、农村合作银行、城乡信用社。

中国人民银行　中国银行业监督管理委员
二〇〇九年一月二十日

商业银行柜台业务最经常、最大量的工作是现金的收入、付出和整点。因此，点钞和伪钞鉴别成了柜台人员工作的重要组成部分。点钞速度的快慢、伪钞鉴别水平的高低直接关系到资金周转效率和资金安全，以及商业银行的办事效率。学好点钞和伪钞鉴别技术是搞好柜台业务的基础，也是柜台人员的基本业务素质之一。银行柜员只有刻苦训练，掌握一手过硬的点钞和伪钞鉴别技术才能适应市场经济发展的需要，才能胜任柜台工作。

任务一　点钞的基本要领和基本环节

一、点钞的基本要领

出纳人员在办理现金的收付与整点时，要做到准、快、好。“准”，就是钞券清点不错不乱，准确无误。“快”，是指在准的前提下，加快点钞速度，提高工作效率。“好”，就是清点的钞券要符合“五好钱捆的要求”。“准”是做好现金收付和整点工作的基础和前提，“快”和“好”是银行加速货币流通、提高服务质量的必要条件。

阅读资料：人民银行五好钱捆管理标准

1. 点准。各商业银行缴存的款项必须清点，百张一把，十把一捆，张数、金额准确无误。

2. 挑净。按规定标准对收回的人民币进行挑剔，完整券与损伤券分开，完整券和损伤券相互掺叉不超过5%。

3. 墩齐。每捆清点后，捆扎前应墩齐，票券内不折叠，不露边，不露角。

4. 扎紧。每把的捆扎腰条不显松弛，正反面不过紧起皱，每捆捆扎时应放置与票券大小一致相对较厚的底鉴。每捆绳头扎扣死结后各分两边卷入绳内，长度应短于封签两头 1.5 厘米。每捆捆后上下移动最高处不超过 1 厘米。

5. 印章清晰。每把腰条必须盖复点员印章，封签上应加盖行名章、日期章、封包员印章、复核员印章，钱捆验收后应加盖验收人名单。

钱捆质量其他要求：完整券为单腰条；损伤券为双腰条，扎于人民币 1/4 处。

学习点钞，首先要掌握基本要领。基本要领对于哪一种方法都适用。点钞基本要求大致可概括为以下几点。

1. 肌肉要放松

点钞时，两手各部位的肌肉要放松。肌肉放松，能够使双手活动自如，动作协调，并减轻劳动强度。否则，会使手指僵硬，动作不准确，既影响点钞速度，又消耗体力。正确的姿势是，肌肉放松，双肘自然放在桌面上，持票的左手手腕接触桌面，右手腕稍抬起。

2. 钞券要墩齐

需清点的钞券必须清理整齐、平直。这是点准钞券的前提，钞券不齐不易点准。对折角、弯折、揉搓过的钞券要将其弄直、抹平，明显破裂、质软的钞券要先挑出来。清理好后，将钞券在桌面上墩齐。

3. 开扇要均匀

钞券清点前，都要将票面打开成扇形，使钞券有一个坡度，便于捻动。开扇均匀是指每张钞券的间隔距离必须一致，使之在捻钞过程中不易夹张。因此，扇面开得是否均匀，决定着点钞是否准确。

4. 手指触面要小

手工点钞时，捻钞的手指与票子的接触面要小。如果手指接触面大，手指往返动作的幅度随之增大，从而使手指频率减慢，影响点钞速度。

5. 动作要连贯

点钞时各个动作之间相互连贯是加快点钞速度的必要条件之一。动作要连贯包括两方面的要求：一是指点钞过程的各个环节必须紧张协调，环环扣紧。如点完 100 张墩齐钞券后，左手持票，右手取腰条纸，同时左手的钞券跟上去，迅速扎好小把；在右手放票的同时，左手取另一把钞券准备清点，而右手顺手沾水清点，等等。这样使扎把和持票及清点各环节紧密地衔接起来。二是指清点时的各个动作要连贯，即第一组动作和第二组动作之间，要尽量缩短和不留空隙时间，当第一组的最后一个动作即将完毕时，第二组动作连续跟上，不留空隙。如用手持式四指拨动点钞法清点时，当第一组的食指捻下第四张钞券时，第二组动作的小指要迅速跟上，不留空隙。这就要求在清点时双手动作要协调，清点动作要均匀，切忌忽快忽慢、忽多忽少。另外，在清点中尽量减少不必要的小动作、假动作，以免影响动作的连贯性和点钞速度。

6. 点数要协调

点和数是点钞过程的两个重要方面，这两个方面要相互配合，协调一致。点的速度快，记数跟不上，或点的速度慢，记数过快，都会造成点钞不准确，甚至造成差错，给国家财产带来损失。所以点和数二者必须一致，这是点准的前提条件之一。为了使两者紧密结合，记数通常采用分组法。单指单张以十为一组记数，多指多张以清点的张数为一组记数，使点和数的速度能基本吻合。同时记数通常要用脑子记，尽量避免用口数。

二、点钞的基本环节

点钞是一个从拆把开始到扎把为止这样一个连续、完整的过程。它一般包括拆把持钞、清点、记数、墩齐、扎把、盖章等环节。要加快点钞速度，提高点钞水平，必须把各个环节的工作做好。

1. 拆把持钞

成把清点时，首先需将腰条纸拆下。拆把时可将腰条纸脱去，保持其原状，也可将腰条纸用手指勾断。通常初点时采用脱去腰条纸的方法，以便复点时发现差错进行查找，复点时一般将腰条纸勾断。持钞速度的快慢、姿势是否正确，也会影响点钞速度。要注意每一种点钞方法的持钞动作。

2. 清点

清点是点钞的关键环节。清点的速度、清点的准确性，直接关系到点钞的准确与速度。因此，要勤学苦练清点基本功，做到清点既快又准。在清点过程中，还需将损伤券按规定标准剔出，以保持流通中票面的整洁。如该把钞券中夹杂着其他版面的钞券，应将其挑出。在点钞过程中如发现差错，应将差错情况记录在原腰条纸上，并把原腰条纸放在钞券上面一起扎把，不得将其扔掉，以便事后查明原因，另作处理。

3. 记数

记数也是点钞的基本环节，与清点相辅相成。在清点准确的基础上，必须做到记数准确。

4. 墩齐

钞券清点完毕扎把前，先要将钞券墩齐，以便扎把保持钞券外观整齐美观。票子墩齐要求四条边水平，不露头或不呈梯形错开，卷角应拉平。墩齐时，双手松拢，先将钞券竖起来，双手将钞券捏成瓦形在桌面上墩齐，然后将钞券横立并将其捏成瓦形在桌面上墩齐。

5. 扎紧

每把钞券清点完毕后，要扎好腰条纸。腰条纸要求扎在钞券的1/2处，左右偏差不得超过2厘米。同时要求扎紧，以提起第一张钞券不被抽出为准。

6. 盖章

盖章是点钞过程的最后一环，在腰条纸上加盖点钞员名章，表示对此把钞券的质量、数量负责，所以每个出纳员点钞后均要盖章，而且图章要盖得清晰，以看得清行号、姓名为准。

任务二　手工点钞方法

一、手按式点钞法

手按式点钞法是一种应用较广的点钞方法，可分为单指单张和多指多张（双指双张、三指三张和四指四张）。

（一）手按式单张点钞法

手按式单张点钞法适用于收、付款和整点各种新、旧大小钞票，尤其适用于不足100张零票的整点。由于使用这种点钞方法看到的票面较大，便于挑剔损伤券，因此，在整点辅币及残破券多的钞票时，常用此法。操作要领如下：

（1）放票。把钞票横放在桌面上，并正面对着身体；用左手小指与无名指按住钞票的左上角1/3～1/2处并压紧钞纸，右手拇指托起右下角的部分钞票，如图2－1、图2－2所示。

图2－1

图2－2

（2）点钞。用右手食指捻动钞票，其余手指自然弯曲，每捻起一张，左手拇指向上推动，送到左手食指与中指之间夹住，这样就完成了一次点钞动作，如图2－3、图2－4所示。

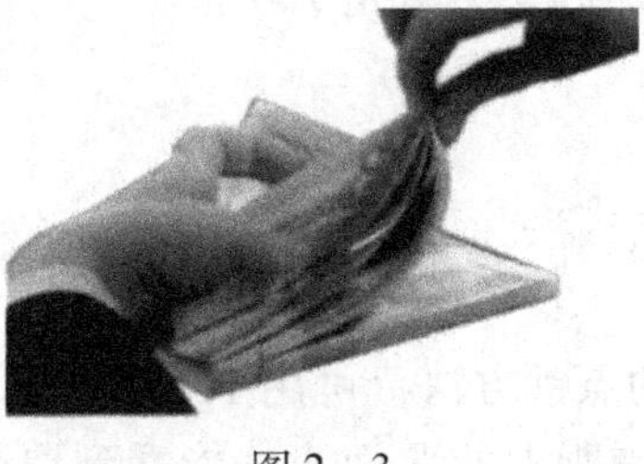

图2－3

图2－4

如此反复，直至点完为止。值得注意的是，在采用这种方法点钞时，右手拇指托起的钞票不要太多，也不能太少，否则都会影响清点速度，一般为 25 ～ 30 张左右为宜。

（3）记数方法。点一张，默记一张，记法为：1、2、3、…、7、8、9、10；2、2、3、…、7、8、9、10；3、2、3、…、7、8、9、…

（二）手按式多指多张点钞法

这种点钞法与手按式单张点钞法的步骤相同，所不同的是参与捻动纸钞的手指与记数的操作方法，常见的包括两指两张、三指三张与四指四张点钞法。其主要适用于收付和整点多种新旧主币、角币，优点在于速度快，但由于除了第一张外，其余各张所能看到的票面较少，不宜点残破券多的钞票。

实际工作中较常采用的是三指三张和四指四张点钞法，下面介绍手按式三指三张和四指四张点钞法的点钞过程与计数方法。（两指两张点钞法参与捻动纸钞的是食指和中指，而记数则是 2 张为 1 组，共计 50 组）其操作过程如下：

（1）放票。把钞票横放在桌面上，并正面对着身体；用左手小指与无名指按住钞票的左上角 1/3 ～ 1/2 处并压紧钞纸，右手拇指托起右下角的部分钞票。

（2）点钞。三指三张点钞是右手无名指先捻动第一张，随即以中指、食指依次各捻起一张，如图 2 –5、图 2 –6 所示。

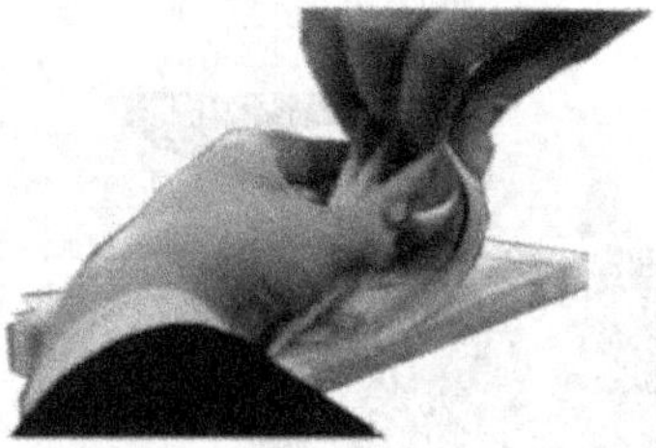

图 2 –5

图 2 –6

图 2 –7

四指四张点钞是先用小指捻起第一张，随后无名指、中指、食指依次各捻起一张，捻起的三张（或四张）钞票用左手拇指向上推送到左手的食指和中指间卡住，点数时注意手指不宜抬得过高，如图 2 –7 所示。

（3）记数。采用分组记数法记数，三张点钞以每三张为一组，数到 33 组最后剩一张，就是 100 张。四张点钞是以每四张为一组，数到 25 组就是 100 张。

二、手持式点钞法

手持式点钞法主要可分为：手持式单指单张点钞法和手持式多指多张点钞法。

（一）手持式单指单张点钞法

手持式单指单张点钞法是一种适用范围较广的点钞方法，可用于收款、付款和整点各种新旧大小钞票。使用这种点钞技术，由于持票所占的票面小，能看到票面的 3/4，所以较容易发现残缺券及假票。其操作要领如下：

（1）持币。左手手心朝向自己，小指、无名指、食指落在钞纸背面，中指落在钞纸正面，自然夹住钞纸，如图2-8所示；左手食指用力使钞纸弯曲，拇指轻轻卡住钞纸上边缘，将钞纸推出一个小扇面，同时食指轻轻卡住钞纸外侧边缘以控制落钞速度，如图2-9所示。

（2）点钞。右手拇指指尖外侧轻轻放在左上角，食指轻捻钞纸右上角使钞纸一张张自然下落，中指、无名指和小指贴食指自然弯曲，如图2-10所示。

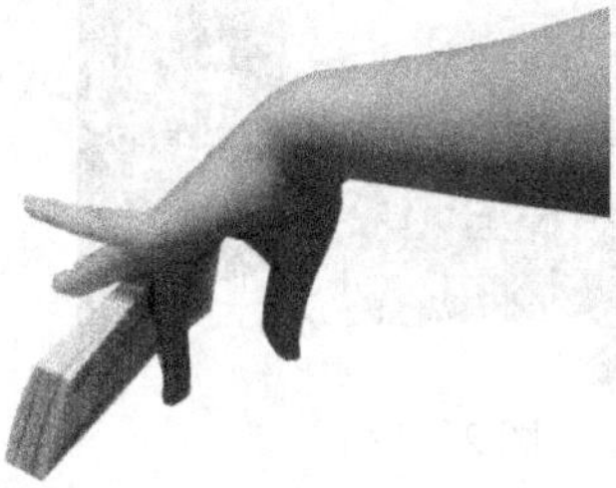

图2-8

图2-9

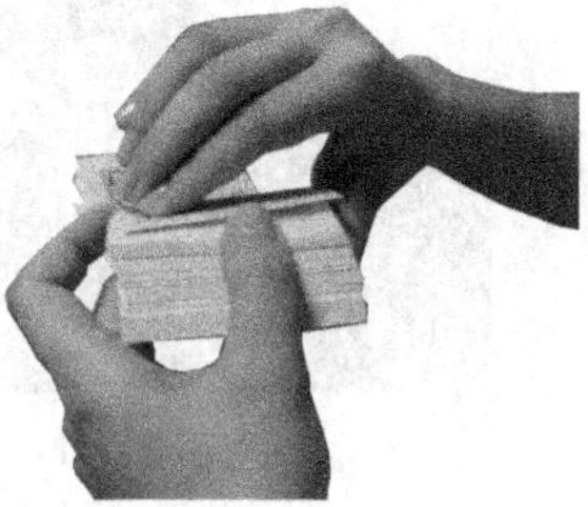

图2-10

【小诀窍】

点钞时，要注意姿势，身体坐直，两肩要平，自然放松。点钞时，左手拇指推出的小扇面要求每张的距离要匀称。左手食指卡钞时注意力度适中，过紧易导致无法落钞，过松则易产生多落钞的情况。右手食指捻钞时与钞纸的接触面尽可能小，以提高点钞速度。有些选手习惯于采用右手拇指捻钞，有些比赛中也出现过少数选手为尽可能减小接触面，使用面积最小的小指进行捻钞，但这种方法对选手控制落钞节奏的难度也明显增加了。实际工作中，自己应总结适合自己的方法与技巧，不断提高点钞水平。

当点到最后剩三四张票币时，右手拇指和食指将票币捻开清点张数，将票币点完。

（3）记数。采用拇指捻一张记一个数的方法，依次累计，也可采用无名指弹一次累计记数的方法，与“手按式单指单张点钞法”相同，即记法为：1、2、3、…、7、8、9、10；2、2、3、…、7、8、9、10；3、2、3、…、7、8、9、10；4、2、…、7、8、9、10、…

（二）手持式多指多张点钞法

主要包括两指两张、三指三张与四指四张点钞法，它适用于收款、付款整点工作的初点、复点。优点是省力、省脑、效率高。四指四张操作方法如下（两指两张与三指三张操作方法类似，只是采用更少的捻钞手指）：

（1）持币。与单指单张持币方式相似。

（2）点钞。右手拇指轻轻贴在钞纸内侧上角下方，食指、中指、无名指、小指自然弯曲，手心向下，小指点在钞纸内侧上角端点上，轻轻用力向下捻动钞纸，当第一张钞纸向下挫出大约一指宽票边时，将右手无名指迅速点在钞纸内侧上角端点上，并轻轻用力向下捻动钞纸，小指继续沿原方向向下带票；中指、食指动作同无名指，顺次捻票，如图 2 – 11、图 2 – 12 所示。

当右手食指、中指、无名指与小指各点捻到一张钞票时，四个手指同时用力向手心方向继续作捻票动作，当食指下的钞票捻出两指宽距离时，轻抬手腕以使这四张钞票自然下垂，与未点票明显分开，开始第二个周期点捻钞票。如此反复点捻钞票至点完为止。

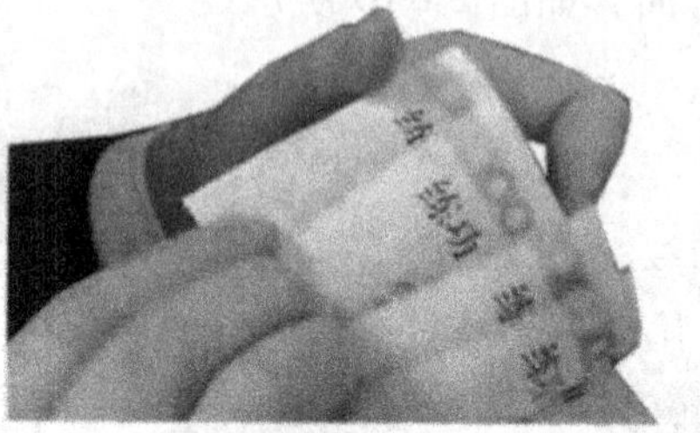

图 2 – 11

图 2 – 12

（3）记数。采用分组记数，每捻四张为一组，记满 25 次即为 100 张。

（三）扇面式点钞法

扇面式点钞，是一种工作效率较高的点钞技术，最适用于整点及复点工作。点钞时双手完全离开桌面，操作时可以轻松自如。但由于这种点钞方法清点时只能看到票边，不看票面，因此不便挑剔残破券和鉴别真假票，不适用于整点新、旧、破混合的钞票。其操作过程如下：

（1）持币。票币竖拿，正面朝内，左手的拇指在前，食指、中指在后握住票币下端的中心，无名指、小指放松，自然放在钞票后面，右手拇指放在票币右侧边的 1/3 处，其余四指托在钞票的后面。

（2）打扇面。打扇面时，以左手的拇指、食指、中指的持币点为轴，右手拇指向左侧推票币的右边，同时食指、中指在票币的后面，将票币的右侧向左下方压。压出一个弧时，食指、中指，由后向前，向右侧推拉票币的背面，使票币左右边缘稍错开。如此往返运动，将票币打开成扇面状。

（3）记数。记数时，注意手眼的配合，用分组记数法，按 5 张或 10 张为一组，每一组记一个数，记满 20 组或 10 组为 100 张。

（4）记数指法

① 一指记数。右手轻轻托住票币的背面，眼睛看准张数，拇指指肚卡数票币并下压。食指迅速前移卡住已点过的票币，拇指回位继续向下点数票币。如此往返运动将票币点完，如图 2 – 13 所示。

② 二指记数。右手轻轻托住票币的背面，眼睛看准张数，先拇指指肚向下卡数票币的前五张，拇指完成卡数的同时，食指卡数后 5 张，如此往返，将票币点完，如图

2－14所示。

图 2－13

图 2－14

三、扎把

扎把时，纸币不论票面金额的大小，都是以100张为一把，按券别用宽2厘米，长50～60厘米的捆钞纸分别扎把，每把须盖经手人的名章。

（1）持币。将清点好的戳齐的票币横立，正面向内。左手拇指以票币的左侧1/2处捏在票币的正面，其余四指捏票面的背面。拇指向后，四指向前用力，将票面压成向内的一个弧度，如同瓦形，如图2－15所示。

（2）压条。捆钞纸的压条方法通常有三种：

① 钞后直接压条法。左手的食指、中指将捆钞纸一端的2～3厘米，从上向下压在票币的背面1/2处。

② 钞后折叠压条法。将捆钞纸的一端，用左手的食指横着压在票币背面1/2处，捆钞纸的上边缘平齐票面的上边缘。

③ 中间夹条法。左手持币，左手食指放在票币的上边缘，将票币从中间拨开一条缝，右手将捆钞纸的一端夹在中间。

（3）扎把。左手持币，右手的拇指、食指、中指捏捆钞纸向内、向上缠绕，如图2－16所示。捆钞纸条向上缠绕至与票币成垂直部位时，右手要有点拉力，使捆钞纸缠紧，往返缠绕，如图2－16所示。

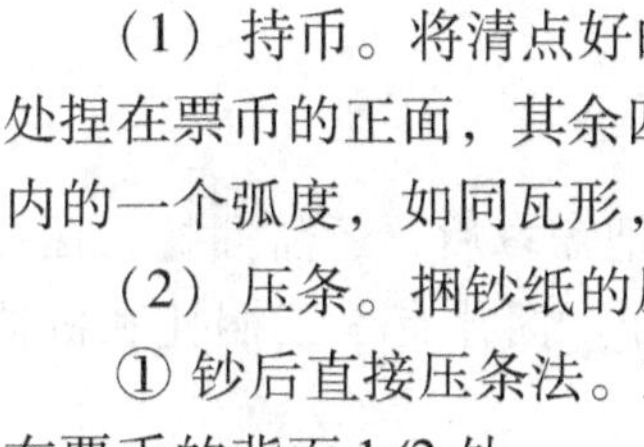

图 2－15

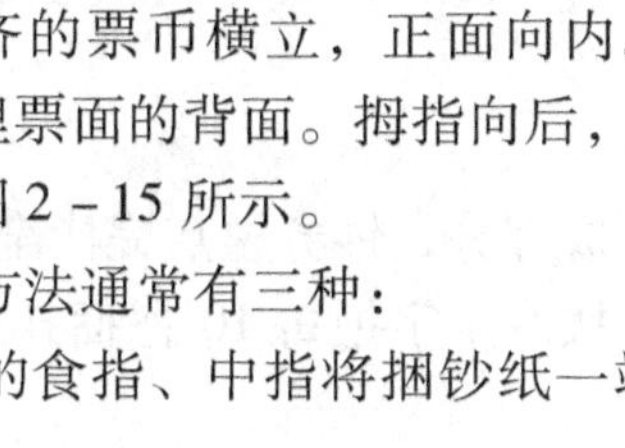

图 2－16

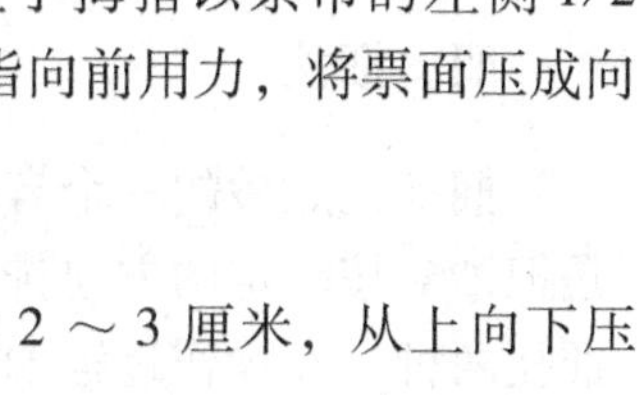

图 2－17

在缠绕时，右手有个倒手动作。当捆钞纸缠绕剩15厘米左右时，右手拇指、食指、中指压住捆钞纸，沿票币边缘向右折90°，如图2－17所示。右手拇指按住折角处，食指、中指将捆钞纸头掖入票币与捆钞纸之间的空隙中。

用双手将瓦形票币反向压平，最后在票币的侧面捆钞纸处夹盖名章。临柜时，百张扎把捆钞纸缠绕在票币的中间，不足百张捆钞纸缠绕在票币的左端一侧。

钞票够100张即成把。扎把是点钞的一道重要程序，有一定的技术要求和质量标准，既要扎得快，又要扎得紧。一般以每两秒钟扎一把为快，成把后最上面的一张用手自然提起抽不出为紧。

阅读资料：残缺、污损人民币“全额”、“半额”兑换情况

（1）能识别面额，票面剩余3/4（含3/4）以上，其图案、文字能按原样连接的残缺、污损人民币，金融机构应向持有人按原面额全额兑换。

（2）能识别面额，票面剩余1/2（含1/2）至3/4以下，其图案、文字能按原样连接的残缺、污损人民币，金融机构应向持有人按原面额的一半兑换。

纸币呈正十字形缺少1/4的，按原面额的一半兑换。

四、捆扎

捆扎是点钞的一个有机组成部分，钞券整点完毕全部扎把盖章后，还需捆扎。捆扎是把钞券按一定的方向排列，按双十字把每10把捆扎成一捆。捆扎有手工捆扎和机器捆扎两种，其操作过程如下。

1. 手工捆钞的操作程序

手工捆钞时，用双手各取5把钞券，并在一起墩齐。然后把10把钞券竖着叠放，票面向下，面上垫纸，并将票面的1/4伸出桌面。左手按住钞券，右手取绳子，右手拇指与食指持绳置于伸出桌面处，然后用左手食指按住绳子一端，右手将绳子另一端从右往下再往上绕一圈与绳子的另一端合并，将钞券自左向右转两圈，形成一个麻花扣。这时钞券横放在桌上，已束好的一头在右边，再将钞券横放，钞券的1/4伸出桌面，左手按住绳子的一头，右手将绳子从右向钞券底下绕一圈，绕至钞券上面左端约占钞券长度的1/4处拧一个麻花扣，然后将钞券翻个面再拧一个麻花扣，最后左手食指按住麻花扣以防松散，右手捏住绳子的另一头，从横线穿过结上活结。捆好后垫纸上贴上封签，加盖日期戳和点钞员、捆钞员名章。

2. 机器捆钞的操作程序

（1）做好捆钞前的准备工作。使用捆钞机前，首先要仔细检查捆钞机各部位是否正常。手动捆钞机要检查手柄、齿轮上下运动是否自如，电动和液压捆钞机在捆钞前要打开开关各转一次，检查马达和液压装置是否正常，液压管道有无漏油现象。

检查完毕，调整机器螺丝，使之适合所捆券别的松紧程序，然后固定螺丝。

（2）放绳。将线绳拧成麻花扣，双十字放置在捆钞机底面平台的凹槽内。绳的两头留的长度要相等。

（3）放钞。用两手各取5把钞券并在一起墩齐，然后将10把钞券叠起，票面向上，放在捆钞机的平台上，再放垫纸。

（4）压钞。合上活动夹板，右手扳下压力扶手，反复操作，使钞券压到已调整好的松紧度。如为电动捆钞机则按下“紧”开关。

（5）系绳。两手分别捏住绳子的两头，从上端绳套穿过，然后双手各自拉紧，从两侧把绳子绕到钞券的正面，使绳子的两头合拢拧麻花扣。然后用左手按住叉点，右手捏住绳子的一头从钞券上面竖线穿过结上活扣，贴上封签，加盖名章和日期戳。

3．捆扎钞券的有关规定

（1）捆钞时要坚持操作程序，必须每只手各取5把，以防钞券多把或少把，发生差错。

（2）整捆钞券在捆扎时要垫衬纸，用于粘贴封签。衬纸垫在钞券上与其一并捆扎，封签贴在捆扎绳外，要注意衬纸与封签都须切去一角，以便看清票面。

（3）不论是手工捆扎钞券还是机器捆扎钞券，都要以“捆紧”为标准，要通过拉紧捆钞绳，进行交叉固定，使钞券不易松开。

（4）捆扎绳必须完好，不能有结，以防被人解开。最后的活扣结只能打在衬纸表面，并用封签纸粘住。

（5）钞券捆扎完毕，要在封签纸上加盖日期戳以及点钞员、捆钞员名章，以明确职责，便于查找差错。

任务三　机器点钞技术

一、机器点钞的基本方法

机器点钞法亦称点钞机点钞法，是用点钞专用机器通过电子计数器反映张数，进行整点钞票。当计数器反映100张时，即将点落的钞票捆成一把。机器点钞用机械操作代替手工劳动，节省了出纳员的一部分劳动，把出纳人员从繁重的手工点钞劳动中解脱出来，它比手工点钞效率高得多，每小时可点5万张左右。机器点钞适用于现金收入较多又较频繁的单位，用于清点整齐的大票，也有清点硬币的机器。

二、机器点钞法的具体操作要领

使用机器整点票币，可以减轻出纳人员的劳动强度。目前，使用的点钞机器都是国产统一型号的捻轮式点钞机。其操作要领如下：

1. 准备工作

(1) 点钞机放在点款员的正前方，使用时首先打开电源开关，进行调试，检查各机件是否完好、工作是否正常、下钞是否流畅、计数是否正确。调试一般要求达到不松、不紧、不吃、不塞。

(2) 票币放在右侧，按大面额票券在前，小面额票券在后的顺序排列。

(3) 各种用具放置要适当，用时才能得心应手。

2. 操作方法

(1) 持钞。右手一指在钞票里面，其余四指在钞票外面，捏住钞票右上角。

(2) 拆把。左手将捆钞纸条撕下，放在桌上，顺势将钞票捻成前低后高的坡形，便于分张和下钞流畅。

(3) 清点。

① 将钞票轻轻放入下钞斗内。勿用力过大，造成塞钞，使其自然下滑，通过捻钞轮进入机器内。

② 目光迅速转向输钞带。注意检查是否夹杂券、破损券、假钞或其他异物。如发现立即剔出。

③ 钞票全部下到积钞台后，看清数码管显示数字是否与持把所标金额相符。

④ 金额无误将钞票取出墩齐、扎把。

⑤ 在清查过程中要根据票面大小，随时调整积钞台大小档次，以适应大小不同票币，使其打拍整齐。

⑥ 在整点整把钞票时，如果发现数码管反映不是00（即不是100张）时，必须经过复点。在复点前必须首先将数码管显示数字还原为0后再复点，并注意保管好原把纸条，不能混淆，以便分清责任。

三、机器点钞的注意事项

(1) 在机器点钞过程中，如下钞正常，目光要集中在输钞带上，直至下钞完毕，目光再移到数码上，看余额是否准确。

(2) 在取出刚点完的钞票时，特别要注意取净，防止落下，造成混把。

(3) 点完一个单位的钞票后，要清理一次机器底下是否有遗张，特别是在发现少款的情况时，要仔细检查输钞带、捻钞轮底下是否有“吃钞”情况。

任务四　第五套人民币防伪指南

一、第五套人民币介绍与主要防伪技术

人民币是我国的法定货币，是我国经济主权的象征，由国家授权中国人民银行发

行。从1948年12月1日至今，我国先后共发行过5套人民币，其中，第二套人民币分币是人民币中流通时间跨度最大的。目前正在使用的第五套人民币是由中国人民银行于1999年10月1日开始陆续发行。截至2004年7月30日，已发行100元、50元、20元、10元、5元、1元共6种纸币及1元、5角和1角共3种硬币。

此后，中国人民银行对第五套人民币的生产工艺及防伪技术进行了改进与调整，并于2005年8月31日正式发行了2005年版的第五套人民币，包括100元、50元、20元、10元、5元5种纸币及1角硬币。2005版人民币在发行后与1999年版第五套人民币同时流通，两个版别的人民币在主要图案、色调和规格上基本保持一致。

在设计上，第五套人民币进行了大胆创新，比如，在保持鲜明的民族特色的同时，取消了传统设计中以花边、花球为边框的设计形式，使整个票面呈开放式结构，增大了防伪设计空间；突出了人物头像和面额数字，更加易于识别并增强了防伪功能；整套人民币在相邻券别上采用冷暖交替的主景色调（100元、50元、20元、10元券的主景颜色分别为红、绿、棕、蓝色），给人焕然一新的感觉。尤其值得注意的是，第五套人民币采用的防伪技术无论是数量、质量还是总体防伪效果，均有根本性的提高，同时还注重了人民币机读性能的加强。在继续保持旧版人民币中具有良好效果的防伪措施（如：手工雕刻人物头像、胶凹印接线印刷、胶印对印等）的同时，第五套人民币还采用了以下几项新增加的或在已有技术基础上有所提高的防伪技术（文中提及的第五套人民币为已发行券种）。

1. 水印

水印是最难以伪造的抗彩色复印和计算机打印的防伪特征之一。在第五套人民币中，100元和50元券采用了与主景人像相同、立体感很强的毛泽东正面头像水印，比第四套中所采用的水印更清晰、层次感更强、更加利于识别。20元和10元券创新地采用了固定花卉水印，此外，在10元券花卉水印下方，还首次采用了表示面额数字的白水印（又称高光水印）。白水印区域纸张很薄，形成的“10”字在透视光线下清晰可见。与白水印相对应，传统的水印又被称为黑水印，10元券上的黑白水印相互映衬，更突现两者的防伪效果。

2. 安全线

安全线属于可靠性、独占性良好，且易于识别的一线防伪技术。其最突出的特点是能够与多种防伪特征结合使用，使防伪性能得到了很大程度的提高。安全线在目前的钞票防伪中占据了很重要的地位。将安全线埋入钞票纸的方法有两种，一种是将其完全埋入纸张中间；另一种是间隔地埋入纸中，部分显露在纸张表面，被称为“开窗式安全线”。第五套人民币中，这两种方法都被充分利用。100元和50元券采用了全埋入式磁性缩微文字安全线，迎光透视钞券中的安全线，可见“RMB100”或“RMB50”字样的缩微文字，仪器检测有磁性；20元券为明暗相间的磁性安全线；10元券采用的是开窗全息文字磁性安全线，当转换观察角度时，在银色的安全线上可以看到色彩变幻的“10”字样。

3. 雕刻凹版印刷及凹印接线技术

第五套人民币中正面主景人物头像、中国人民银行行名、面额数字、盲文面额标记等均采用雕刻凹版印刷，并具有更为明显的凹凸手感，更加易于识别，从而具有更强的防伪功能。

第五套人民币正面和背面（20元券除外）的面额数字均采用雕刻凹印接线技术印刷，两种不同墨色线条对接自然完整。

4. 红、蓝彩色纤维及无色荧光纤维

在第五套人民币各券种上都采用了在纸张中添加红色和蓝色特种纤维（按照一定配比组成）的防伪手段。除彩色纤维的应用外，第五套人民币各券种还采用了荧光纤维，即在特定波长的紫外光下可以看到纸张中随机分布有黄色和蓝色的荧光纤维。

5. 隐形面额数字

隐形图案技术具有易识别、成本低且防伪效果好的特征。隐形图案技术只能通过雕刻凹版设计才能实现，它能良好地防止复印和胶印伪造。第五套人民币上采用了这一集多方面优点于一身的一线防伪措施，在已发行的各券种正面右上方均有一椭圆形（圆形、方形）图案，将票面置于与眼睛接近平行的位置，面对光源平面旋转45°或90°，可看到钞券面额字样。这项防伪技术是在雕刻凹版印刷这种传统防伪技术的基础上进行的二次开发。

6. 光变油墨印刷面额数字

第五套人民币100元和50元券正面左下方的面额数字采用了光变油墨印刷，当与票面垂直观察时，“100”为绿色，“50”为金色，而倾斜一定角度时则分别变为蓝色和绿色。凹印光变油墨的采用集成了传统雕刻凹版印刷和现代高科技光变技术的功能，既有凹印的手感，又有光变油墨的变色效果，是目前的重量级防伪技术，也是第五套人民币的一个亮点。

7. 阴阳互补对印图案

第五套人民币100元、50元和10元券的正面左下方和背面右下方各有一圆形局部图案，透光观察，正背图案组成一个完整的古钱币图案，这种方式称为阴阳互补对印，是一项非常行之有效的防伪措施。与第四套人民币中采取的完全对印方式相比，这种对印方式在设计创意和易于识别等方面均有显著的进步。互补对印由于是在特殊印刷机上一次印刷完成，其对印精度是一般胶印机难以达到的。

8. 号码凸印

第五套人民币100元、50元券采用了横竖双号码，横号为黑色，竖号分别为蓝色和红色；20元为双色横号码，号码左半部分为红色，右半部分为黑色；10元券则采用了隔色号码技术，同一个阿拉伯数字的左半部分为红色，右半部分为黑色。100 元和 50 元券的黑色横号码及 20 元的双色横号码和 10 元券隔色号码中黑色号码具有磁性，可供机读。特别值得一提的是，10 元券的无混色隔色号码技术是我国独有的防伪技术。由于在号码应用种类上的齐全，使第五套人民币在凸印防伪技术方面不但比第四套人民币有长足进展，而且将我国凸印防伪技术带入世界先进行列。

9. 缩微文字

缩微文字既可采用胶印方式印刷，也可采用凹印方式印刷，两种印刷方式都很常用。由于目前复印机及扫描仪分辨率有限，因而难以再现缩微字符。第五套人民币已发行的各券种正面上方及背面下方中多处带有胶印和凹印的缩微文字字样。缩微文字在一定程度上能够有效地防止复印及普通胶印伪造。

10. 无色荧光图案

第五套人民币的各券种上均采用了无色荧光油墨印刷图案。如：100 元、20 元券在正面行名下方胶印底纹处，在特定波长的紫外光下可以看到“100”、“20”字样，该图案采用无色荧光油墨印刷，可供机读。

11. 有色荧光图案

第五套人民币各券种上还采用了有色荧光图案，如：100 元券背面主景上方椭圆形图案中的红色纹线，在特定波长的紫外光下显现明亮的橘红色；20 元券背面的中间在特定波长的紫外光下显现绿色荧光图案。这种二线防伪措施的应用为防止伪造又增加了一道屏障。

除了以上所提及的一线、二线防伪技术外，第五套人民币中还新增了若干项三线防伪技术。总之，第五套人民币在防伪水平、机读性能等方面有了质的飞跃，在防伪技术水平方面已迈入国际先进行列。但是，我们应当看到，防伪与造假的斗争是高科技的较量，再先进的防伪技术都有一定的时效性。所以，在工作中，业务人员应不断总结提高自己的钱钞防伪水平，避免因假钞、伪钞带来的损失。

二、2005 年版与 1999 年版的第五套人民币主要区别

2005 年版与 1999 年版的第五套人民币相比，主要有以下几方面的不相同。

1. 调整防伪特征布局

2005 年版第五套人民币 100 元、50 元纸币正面左下角胶印对印图案调整到主景图案左侧中间处，光变油墨面额数字左移至原胶印对印图案处，背面右下角胶印对印图案调整到主景图案右侧中间处。

2. 调整防伪特征

（1）隐形面额数字。调整 2005 年版第五套人民币各券别纸币的隐形面额数字观察角度。2005 年版第五套人民币各券别纸币正面右上方有一装饰性图案，将票面置于与

眼睛接近平行的位置，面对光源做上下倾斜晃动，分别可以看到面额数字字样。

（2）全息磁性开窗安全线。2005 年版第五套人民币 100 元、50 元、20 元纸币将原磁性缩微文字安全线改为全息磁性开窗安全线。2005 年版第五套人民币 100 元、50 元纸币背面中间偏右有一条开窗安全线，开窗部分分别可以看到由缩微字符"￥100"、"￥50"组成的全息图案。2005 年版第 5 套人民币 20 元纸币正面中间偏左有一条开窗安全线，开窗部分可以看到由缩微字符"￥20"组成的全息图案。

（3）双色异形横号码：2005 年版第五套人民币 100 元、50 元纸币将原横竖双号码改为双色异形横号码。正面左下角印有双色异形横号码，左侧部分为暗红色，右侧部分为黑色，字符由中间向左右两边逐渐变小。

（4）雕刻凹版印刷：2005 年版第五套人民币 20 元纸币背面主景图案桂林山水、面额数字、汉语拼音行名、民族文字、年号、行长章等均采用雕刻凹版印刷，用手触摸，有明显凹凸感。

3. 增加防伪特征

（1）白水印。2005 年版第五套人民币 100 元、50 元纸币位于正面双色异形横号码下方，2005 年版第五套人民币 20 元纸币位于正面双色横号码下方，迎光透视，分别可以看到透光性很强的水印面额数字字样。

（2）凹印手感线。2005 年版第五套人民币各券别纸币正面主景图案右侧，有一组自上而下规则排列的线纹，采用雕刻凹版印刷工艺印制，用手指触摸，有极强的凹凸感。

（3）阴阳互补对印图案。2005 版第五套人民币 20 元纸币正面左下角和背面右下角均有一圆形局部图案，迎光透视，可以看到正背面的局部图案合并为一个完整的古钱币图案。

（4）2005 年版第五套人民币各券别纸币背面主景图案下方的面额数字后面，增加人民币单位的汉语拼音"YUAN"，年号改为"2005 年"。

（5）2005 年版第五套人民币取消各券别纸币纸张中的红蓝彩色纤维。第五套人民币 1 角硬币材质由铝合金改为不锈钢，色泽为钢白色。其正背面图案、规格、外形与现行流通的第五套人民币 1 角硬币相同，即正面为"中国人民银行"、"1 角"和汉语拼音字母"YIJIAO"及年号，背面为兰花图案及中国人民银行的汉语拼音字母"ZHONGGUO RENMIN YINHANG"，直径为 19 毫米。

三、第五套人民币主要防伪特征图示及真假人民币局部对比图

图 2－18　第五套人民币 2005 年版 100 元券正面防伪特征示意图

图 2－19　第五套人民币 2005 年版 100 元券背面防伪特征示意图

图 2－20　第五套人民币 2005 年版 50 元券正、背面防伪特征示意图

图 2－21　第五套人民币 2005 年版 20 元券正、背面防伪特征示意图

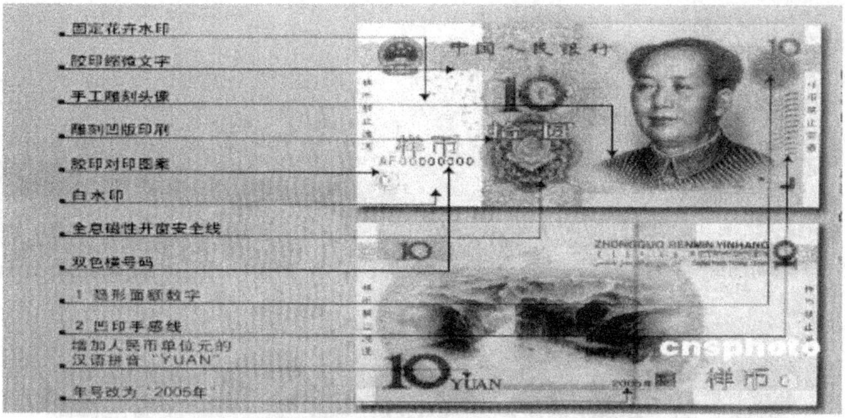

图 2－22　第五套人民币 2005 年版 10 元券正、背面防伪特征示意图

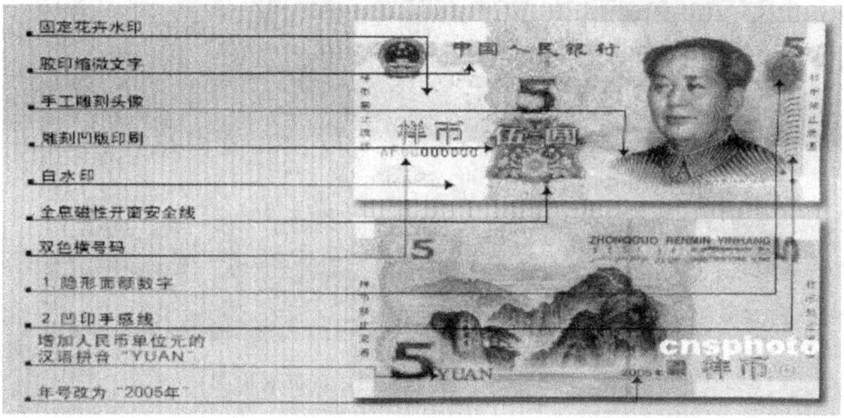

图 2－23　第五套人民币 2005 年版 5 元券正、背面防伪特征示意图

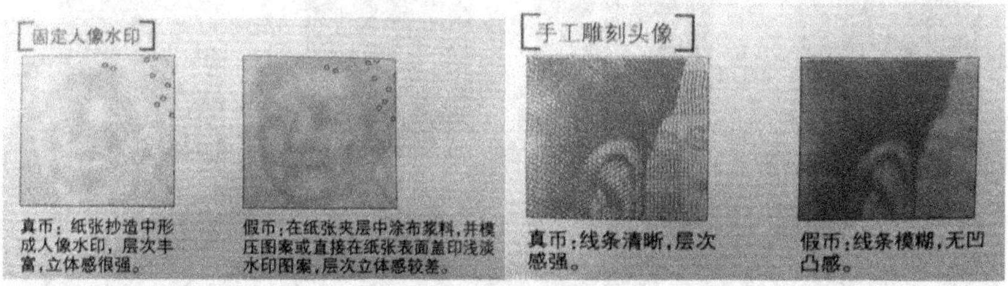

图 2－24　100 元真假人民币局部对比图一

图 2－25　100 元真假人民币局部对比图二

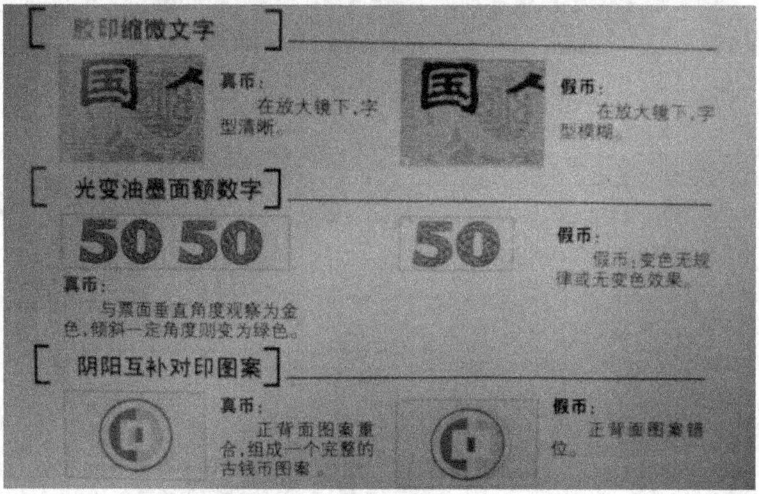

图 2－26　50 元真假人民币局部对比图

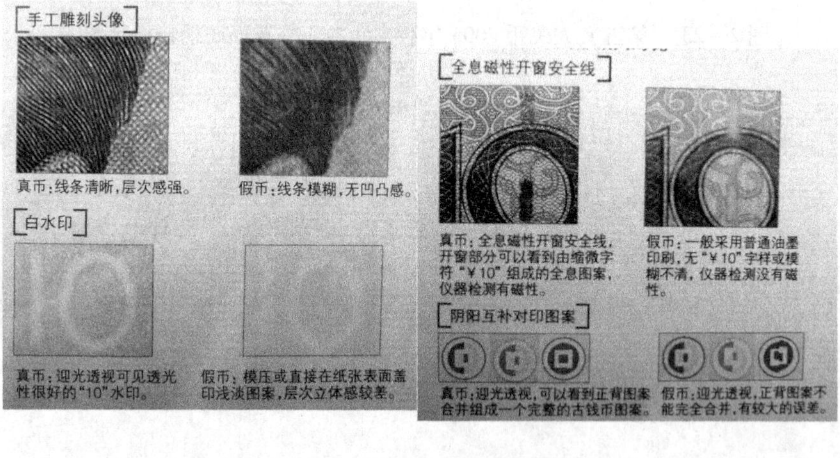

图 2－27　10 元真假人民币局部对比图

四、实务工作中人民币防伪五步曲

直观地鉴别人民币真伪，主要是根据钞票的各项防伪特征进行识别。在日常工作中可以概括为“一看、二摸、三听、四测、五拓”。

一看：一是看水印，10 元以上人民币可在水印窗处看到人头像或花卉水印，5 元纸币是满版古币水印。假币水印一种为浅色油墨印盖在币纸正面或背面，还有一种假币水印是将币纸揭层后，在夹层中涂上白色糊状物，再在上面压盖水印印膜。真币水印生动传神，立体感强。假币水印缺乏立体感，多为线条组成，或过于清晰，或过于模糊。二是看安全线，第四套人民币 1990 年版 50 元、100 元钞票在币面右侧有一条清晰的直线。假币的“安全线”或是用浅色油墨印成，模糊不清，或是手工加入一条银白色塑料线，容易在币纸边缘发现未经剪齐的银白色线头。第五套人民币的安全线有缩微文字，假币仿造的文字不清晰，线条活动易抽出。三是看钞票图案色彩是否鲜明、线条是否清晰、对接线是否对接完好，无留空白或空隙。四是看有无拼接痕迹，目前多数变造币是由局部真币与部分假币拼接而成，看时首先应注意票面有无胶、粘；第二步迎光观看，看有无剪裁接痕或锯齿状拼接痕迹。如有上述现象，就应仔细辨认。

二摸：第 5 套 1 元以上面额人民币采取凹版印刷，线条形成凸出纸面的油墨道，特别在盲文点、“中国人民银行”字样、人像部位等。2005 年版人民币还增加了凹凸手感线，用手指抚摸这些地方，有较明显的凹凸感，较新钞票用指甲划过，有明显阻力，用大拇指和食指适当用力夹住主景图案、文字、盲文等部位来回慢慢拉动，“打手”的感觉相当明显。目前收缴到的假币是使用胶版印刷，平滑、无凹凸感。

三听：人民币是采用特殊材料、由专用抄造设备抄造的印钞专用纸张印刷的，结实挺括，有韧性，较新钞票用手挥动会发出清脆响声。假币纸张发软，偏薄，声音发闷，不耐揉折。

四测：借助一些简单工具或专用鉴别仪器也可进行钞票真伪识别。如借助放大镜来观察票面线条的清晰度，胶、凹印缩微文字等；或是用荧光检测，一是检测纸张有无荧光反应，人民币纸张未经荧光漂白，在荧光灯下无荧光反应，纸张发暗。假币多经过漂白，在荧光灯下有明显荧光反应，纸张发白亮。二是人民币有一至两处荧光文字，呈淡黄色，假人民币的荧光文字光泽色彩不正，呈惨白色。

五拓：将要检测的人民币放于一光滑的玻璃板上，上面覆盖一层薄白纸，用铅笔在人民币的水印、文字、盲文等处轻拓，如是真币，则上述图案、文字均会显现在白纸上，而假币则显现不清。

任务五 主要外币防伪介绍

一、美元

自1928年发行小票幅美元以来，美元的图案设计、纸张、油墨和制版在一直保持原有风格和技术的同时，还不断加强了局部防伪技术。如1963年版美元纸钞统一正面黑色油墨磁性特征；1988年版开始采用磁图分布技术；1990年版加入聚酯安全线；1996年版各票面聚酯安全线荧光反映颜色不同和红外机读防伪特征等。

（一）美元的防伪特征

1. 纸张

美元所用纸张为高级乳白色钞票纸，在紫光灯下不泛荧光，是用棉麻纤维作为原料，主要是用碎布捣成浆，经过特殊工艺而制成。其特点是坚韧、挺括、耐用，纸张新时手拉有清脆声音，用旧后周边不起毛，手摸具有与其他纸张不同的感觉。

自1885年起，美钞纸张内含有红蓝纤维丝，这是在造纸过程中散布进红蓝安全纤维。1922年以前的老版美元，纤维丝分布在钞票中间由上而下成两条狭长带状，纤维丝较粗。1928年以后各版的钞票纤维丝漫布全纸。

自1990年起，美元纸张中（人像左侧）又加入了一条聚酯安全线，在垂直的安全线上有重复出现的正反交替的微印字母“USA”和面额数字，平视时不显露，迎光透视正反两面都能看见。

2. 油墨

美钞正面人像、花边、文字等是黑色油墨，其颜色为乌黑色，并带有柔润的光泽，用旧不变，如果将钞票油墨在白纸上摩擦，其颜色可稍有脱落，但丝毫不影响原来花纹案的清晰，也不会使纸张的白底上有黑色油墨污染不清。1934年版以后，黑色凹印油墨中含有磁性物质。正面连号、库印的绿色油墨为翠绿色。背面绿色油墨印年版不同略有差异。1928年和1934年版为深绿色，1950年版为草绿色，1963年版及以后各版均为墨绿色。

3. 制版印刷

目前流通的美钞正面人像、花边、文字、签字等均为雕刻凹印，库印、行印和连号均为凸印，背面图景、花边是用绿色凹印。

美钞主要防护措施是依靠凹印，图案设计层次细微，色调随层次及雕刻深浅而变化。其特点是：

（1）图纹清晰，具有三维效果，用手指划摸印迹有凸起的感觉。

（2）图案中凹印线条的排列，往往是由深到浅，而后逐渐消失，主要表现在正面人像上。图案中凹印线条精细，有条不紊，从疏到密，密而不乱，看起来花纹图案有立体感，主要表现在花边纹路上。无论正面人像还是背景图景，即使光线最阴暗部位，也是由粗细疏密不同的线条构成，在光线极强部分，也是由细线虚线构成。

（3）由于凹版印刷需要高压，油墨有扩散现象，油墨外溢，线条带毛齿状，这是凹印的又一重要特征，需用放大镜才能看清楚。

自 1990 年版开始，美元又增加了缩微印刷文字，缩微字母的位置是在人像外框，环绕着肖像重复出现“THE UNITED STATES OF AMERICA”英文字样，需用放大镜才能看清楚，这是彩色复印机分辨不清的字母，用肉眼直观似普通线条。

（二）美元假钞概况

美元假钞随着真钞防伪技术的提高也在不断改进和变化，除在“二战”期间出现的 1934 年版凹印假钞外，1977 年以前发现的假钞质量均较差，纸张、油墨、制版印刷与真钞差距较大，为平版印刷，容易识别；1977 年发现的假钞印制水平有了较大的提高，人像图案印制较为清晰，但仍为平版印刷；1981 年开始，在发现平版印刷普通版假钞同时，陆续发现了凹版印刷且做工精良的假钞，我们习惯称其为精致版假钞，发现面额以 100 美元为主，年版为 1981 年、1985 年、1988 年、1990 年、1993 年、1996 年、1999 年和 2001 年版。从仿真程度看，100 美元券 1988 年第三版、1996 年第二版、2001 年第二版和 50 美元券 1996 年版假钞仿真程度最高，识别难度最大。

在实际流通中，美元假钞主要分成两大类，即美元变造假钞和美元伪造假钞。

美元变造假钞是指采用擦、刮或化学等手段，改变真钞原有的面额、年版、券别或图案所形成的假钞称为变造假钞（图 2－28 ～ 图 2－30）。美元变造假钞主要以变造面额和变造年版为主，变造年版假钞，虽数量不多，但欺骗性大，容易误收。另外还有变造券种假钞，其主要用以欺骗钱币收藏者，较少见。

图 2－28　1 美元变造 100 美元正面

图 2－29　1 美元变造 100 美元背面

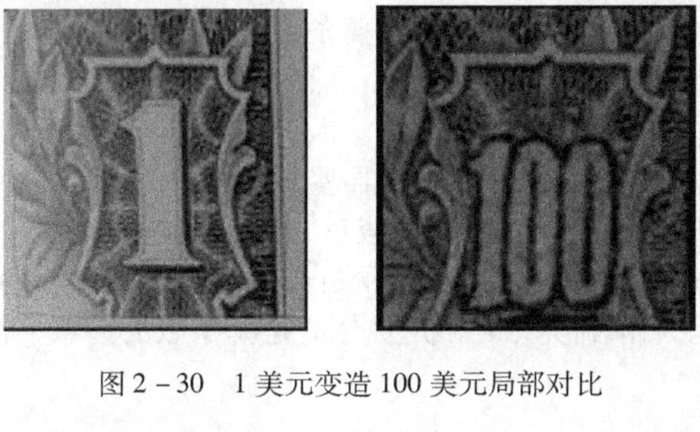

图 2－30　1 美元变造 100 美元局部对比

美元伪造假钞是指模仿真钞图案颜色、设计、制版和工艺而制成的假钞。按纸张、油墨、图案工艺、印刷方式等仿真程度的不同，可分为普通版假钞和精致版假钞，其特征见表2-1。

表2-1 真假美元特征对比表

	真 钞	假钞（普通版）	假钞（精致版）
钞纸	真钞纸颜色乳白色，质地坚韧、挺括、经久耐用，用旧后不起毛	假钞纸颜色大多苍白或发黄，质地松软，用旧易起毛，有折痕处容易断裂	假钞纸颜色、质地接近真钞，部分颜色偏黄
油墨	正面油墨凹印乌黑有光泽，背面为墨绿色（1963年以后版）； 正面花边纹路清晰，均匀，密而不乱，立体感强； 正面连号为翠绿色，数字大小一致、均匀	正面油墨大多灰黑，背面为灰绿色； 正背面图案花纹粗糙，线纹密集处油墨成片，看不出线条； 正面连号为黄绿色或深绿色，线条略细、不均匀	正面油墨为黑色，部分略有光泽，背面接近墨绿色； 正面花边纹路部分位置不清晰不均匀，密纹处较零乱，立体感不强； 正面连号为黄绿色或深绿色，线条略细、不均匀
制版	1996年以后版，凹版效果极强，尤其正面人像右侧，库印上方“THE UNITED STATES OF AMERICA”凹印效果最为明显； 库印凸印外齿有扩张效果； 凹印油墨有羽毛状扩散效果	为平版印刷，手摸无凹凸感； 库印为平印，无凹凸感； 凹凸油墨部分无扩散效果	为雕刻凹版印刷； 1996年版号以后精致版假钞，正面人像右侧，库印上方“THE UNITED STATES OF AMERICA”凹印效果弱； 库印凸印外齿无扩张效果； 凹印油墨发淹或无扩散效果

（三）如何鉴别真假美钞

鉴别美元真假也和其他货币一样，首要条件是熟悉真钞的特征，了解得越全面越深刻越好，通过对比就能及时发现可疑票面，然后再进行全面细致的检查。

鉴别美元真伪有人工鉴别和机器鉴别。人工鉴别，也就是通过眼看、手摸、耳听及借助放大镜对钞票表面特征进行识别。机器鉴别是通过现代高科技手段对钞票的内在物理特征进行检查，确定真伪。多数美元假钞，人工都能鉴别，只有少数如1996年版100元精制伪钞难以识别，但有经验的出纳员或银行收兑员也能识别。

（1）人工鉴别。当拿到美元时，先要分清是哪年版的钞票，再根据不同年版的特征进行识别。

（2）检查是否凹印。检查时用手触摸图案线纹，要摸人像衣服和花边处有无油墨凸起感，手感明显的是真钞，平滑的是假钞。这是识别普通伪钞的有效方法，因为一般普通伪钞都是平版胶印的。

（3）检查人像。美元的人像雕刻十分讲究，人像点线的组合不仅表现人像的特征，而且人像的层次和立体效果符合人像的结构关系，纯熟的雕刻技法使人像神态栩栩如生。各种美元假钞各具特点，制作得再好，在人像上总有缺陷，因此观察头像线条的变化，就抓住了要害，这是及时识别假钞的关键。精制伪钞往往在人像线纹的细致处有破绽，而且这种破绽不易修改，要修改就得换版。检查人像线纹细微处的变化，是识别精致伪钞的重要方法。

（4）检查钞纸手感。纸张的厚薄度、坚韧度、挺括度、光滑度以及纸张的颜色，真钞的纸是乳白色，假钞纸往往过白或浅绿。美元纸是棉麻布纹纸，要对光透视纸张的特征，察看透明度的不同。

（5）安全线的检查。对1990年以后的各版美元，尤其是新序列美元，要仔细察看安全线的位置、宽窄、透明度、缩微印刷文字是否清晰。

对1996年以后发行的新版美元，还要察看变色油墨数字，从正面看是绿色，倾斜看显黑色，手摸数字处有明显的凸感。缩微印刷文字，用放大镜察看文字是否整齐清楚。

小提示：防止误收美元假钞

当您拿到一张美钞时，应立即进行审查。如有怀疑，当面声明退换，或记下钞票的连号及面值，以备日后查找；不要违法从私人手中套买；亲朋好友之间的转借也易出现假钞；暂且搁置不用的美钞，最好存入中国银行，既有利息，又可防不测；进出国内外的人士，携带美钞数额较大时，应采用信用卡、旅行支票、汇款等安全方式，以减少混入假钞及丢失、被盗的可能性。

二、欧元

1. 欧元知识

欧元（EURO）是欧元区内各国使用的统一货币。自1999年1月1日开始，欧元区内12个国家的货币逐步完成向欧元的转换，这些货币包括：奥地利先令（ATS）、比利时法郎（BEF）、德国马克（DEM）、法国法郎（FRF）、爱尔兰镑（IEP）、意大利里拉（ITL）、卢森堡法郎（LUF）、荷兰盾（NLG）、葡萄牙埃斯库多（PTE）、西班牙比塞塔（ESP）、芬兰马克（FIM）、希腊德拉克马（GRD）。1999年1月1日，原欧洲货币单位（ECU），也以1∶1的汇率自动转换为欧元（EURO）。

2. 欧元纸币的防伪特征

欧元采用了多项先进的防伪技术，主要有以下几个方面：

（1）水印。欧元纸币均采用了双水印，即与每一票面主景图案相同的门窗图案水印及面额数字白水印。

（2）安全线。欧元纸币采用了全埋黑色安全线，安全线上有欧元名称（EURO）和面额数字。

（3）对印图案。欧元纸币正背面左上角不规则图形正好互补成面额数字，对接准确，无错位。

（4）凹版印刷。欧元纸币正面的面额数字、门窗图案、欧洲中央银行缩写及200、500欧元的盲文标记均采用雕刻凹版印刷，摸起来有明显的凹凸感。

（5）珠光油墨印刷图案：5、10、20欧元背面中间用珠光油墨印刷了一个条带，不同角度下可出现不同的颜色，而且可看到欧元符号和面额数字。

（6）全息标识。5、10、20欧元正面右边贴有全息薄膜条，变换角度观察可以看到明亮的欧元符号和面额数字；50、100、200、500欧元正面的右下角贴有全息薄膜块，变换角度观察可以看到明亮的主景图案和面额数字。

（7）光变面额数字。50、100、200、500欧元背面右下角的面额数字是用光变油墨印刷的，将钞票倾斜一定角度，颜色由紫色变为橄榄绿色。

（8）无色荧光纤维。在紫外光下，可以看到欧元纸张中有明亮红、蓝、绿三色无色荧光纤维。

（9）有色荧光印刷图案。在紫外光下，欧盟旗帜和欧洲中央银行行长签名的蓝色油墨变为绿色；12颗星由黄色变为橙色；背面的地图和桥梁则全变为黄色。

（10）变色油墨面额数字。钞票背面右下角面额数字用变色油墨印刷，当与票面垂直角度观察时为紫色，倾斜一定角度观察则可变为绿色或棕色。

500、200、20欧元的主要特征如图2－31所示。

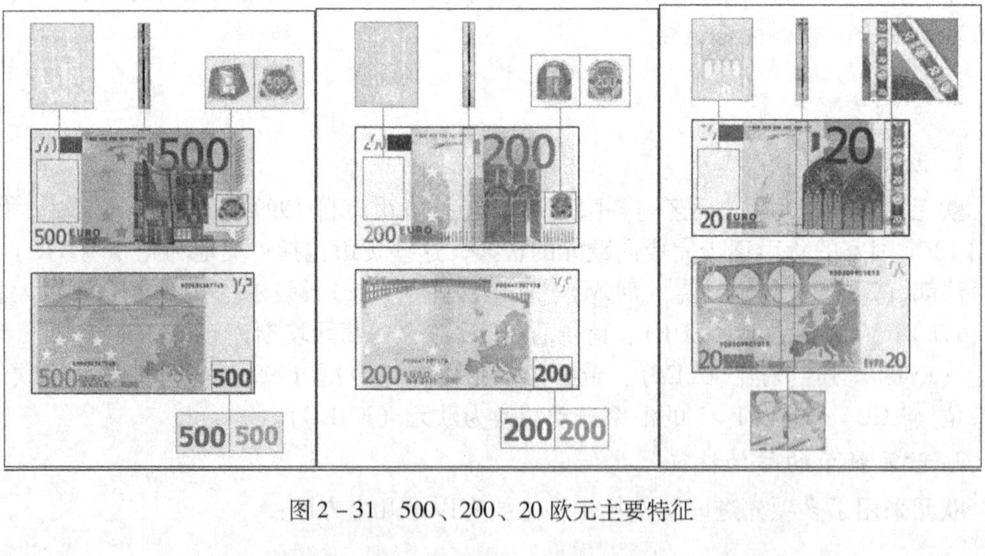

图2－31　500、200、20欧元主要特征

三、日元

（一）日元知识

目前流通的日元钞票是由日本中央银行——日本银行自1984年（昭和59年）11月1日起发行的，面额有1000元、5000元和10000元3种（图2－32，图2－33）。为加强防伪，于1993年（平成五年）12月1日又发行了新版钞，该钞是在1984年发行的钞票基础上进一步改进的，正、背面图案设计未变，连号由黑色改为深棕色，并增加了部分防伪措施，现在通用的主要是1993年改进版钞，还有2000年发行的2000元钞票。

图2－32 10000日元

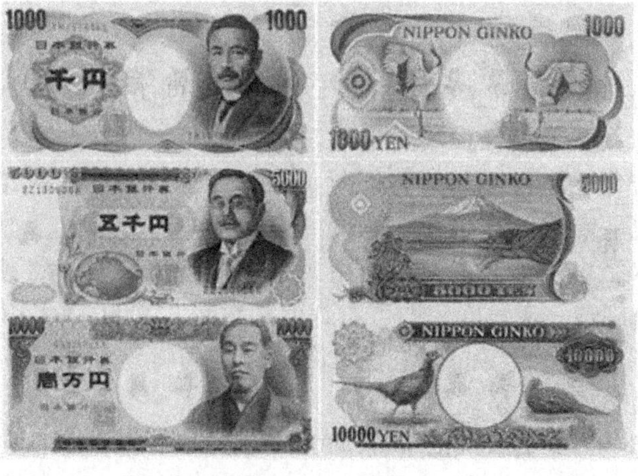

图2－33 日元纸币

（二）发行新钞

日本银行于2000年7月19日发行了新版面额2000元钞票，这是日本银行继1958年发行10000元面额纸币以来又一次发行新面额纸币。新面额纸币采用了世界最先进的防伪技术，增加了防伪措施，提高了防伪功能，被日本誉为“高科技纸币”。

新纸币的设计正面主要图案是古代牌楼，背面是古代一位诗人的手迹和作品插图，左上角印有日本银行行徽。

（三）日元纸币的防伪特征

1. 面额10000元日元的防伪特征

（1）正面凹印的人像套印在浅色底纹上，人像清楚自然。以细线刻制的人像，眉毛、眼珠每毫米处有11条细线。

（2）水印，呈现黑和白，迎光透视非常清晰。

（3）盲人标记，与其他国家盲人标记不同，是用圆圈制成，圆圈的右侧还有月牙形阴影，迎光透视清晰可见，手摸圈内圆点是凸起的，这不仅是盲人标记，也是鉴别真伪的重要特征。此标记，10000元券是两个横的圆圈。

（4）大写金额用深版纹凹印，手摸笔画油墨凸出。

（5）缩印文字，三种面额均加入“NIPPON GINKO”字样的缩印文字。其中10000元面额，正面加在上边左右两端的阿拉伯面值之下，及背面最下的边缘波纹花纹图案之下面。

（6）数字、文字中含有小白点。

（7）钞纸，使用含棉成分较少的特殊合成纸张，含有日本特产三桠皮浆，坚韧和具有特殊的光泽，颜色呈现淡黄色。

（8）正、背面凹印部位的油墨带有磁性。印刷油墨采用防复印油墨，当用彩色复印机复印时，印出来的颜色与原钞票上的颜色不同，在紫外光下“总裁之印”印章呈荧光反映。

2. 面额2000日元的防伪特征

（1）凹版印刷。钞票正面主要图案、文字数字均为凹印（比过去钞票凹印版纹要深）。

（2）缩微印刷。钞票正背面多处印有缩微文字“NIPPON GINKO”（日本银行的字样）。

（3）变色油墨数字。钞票正面右上角“2000”面额数字，采用变色油墨印刷，正视呈现蓝色，侧视呈紫色。

（4）隐形面额数字。钞票正面左下角有一个椭圆形图案，将钞票置于与眼睛平行的位置，面对光源旋转一定角度，即可看到面额数字“2000”的字样。

（5）银光油墨。在钞票正面左、右两侧空白处用特殊油墨印有两条带状银条，倾斜一定的角度观察时，银条呈现醒目的粉红色。

（6）隐形字母。钞票背面右上角面额数字“2000”下方绿色底纹处，有一组隐形文字母，与票面垂直角度观察时无字母显现，倾斜一定角度看可见“NIPPON”字样，六个字母前三个字母是蓝绿色，后三个字母是淡黄色。

（7）荧光油墨。在紫光照射下，钞票正面部分图案可见荧光反映。正面“总裁之印”印章呈现橘红色荧光。背面“发券局长”印章呈现红色荧光。

（8）水印图章。古代牌楼，迎光透视清晰可见。

附录：中国人民银行假币收缴、鉴定管理办法

第一章 总 则

第一条 为规范对假币的收缴、鉴定行为，保护货币持有人的合法权益，根据《全国人民代表大会常务委员会关于惩治破坏金融秩序犯罪的决定》和《中华人民共和国人民币管理条例》制定本办法。

第二条 办理货币存取款和外币兑换业务的金融机构收缴假币、中国人民银行及其授权的鉴定机构鉴定货币真伪适用本办法。

第三条 本办法所称货币是指人民币和外币。人民币是指中国人民银行依法发行的货币，包括纸币和硬币；外币是指在我国境内（香港特别行政区、澳门特别行政区及台湾地区除外）可收兑的其他国家或地区的法定货币。

本办法所称假币是指伪造、变造的货币。

伪造的货币是指仿照真币的图案、形状、色彩等，采用各种手段制作的假币。

变造的货币是指在真币的基础上，利用挖补、揭层、涂改、拼凑、移位、重印等多种方法制作，改变真币原形态的假币。

本办法所称办理货币存取款和外币兑换业务的金融机构（以下简称“金融机构”）是指商业银行、城乡信用社、邮政储蓄的业务机构。

本办法所称中国人民银行授权的鉴定机构，是指具有货币真伪鉴定技术与条件，并经中国人民银行授权的商业银行业务机构。

第四条 金融机构收缴的假币，每季末解缴中国人民银行当地分支行，由中国人民银行统一销毁，任何部门不得自行处理。

第五条 中国人民银行及其分支机构依照本办法对假币收缴、鉴定实施监督管理。

第二章 假币的收缴

第六条 金融机构在办理业务时发现假币，由该金融机构两名以上业务人员当面予以收缴。对假人民币纸币，应当面加盖“假币”字样的戳记；对假外币纸币及各种假硬币，应当面以统一格式的专用袋加封，封口处加盖“假币”字样戳记，并在专用袋上标明币种、券别、面额、张（枚）数、冠字号码、收缴人、复核人名章等细项。收缴假币的金融机构（以下简称“收缴单位”）向持有人出具中国人民银行统一印制的《假币收缴凭证》，并告知持有人如对被收缴的货币真伪有异议，可向中国人民银行当地分支机构或中国人民银行授权的当地鉴定机构申请鉴定。收缴的假币，不得再交予持有人。

第七条 金融机构在收缴假币过程中有下列情形之一的，应当立即报告当地公安机

关，提供有关线索：

（一）一次性发现假人民币20张（枚）（含20张、枚）以上、假外币10张（含10张、枚）以上的；

（二）属于利用新的造假手段制造假币的；

（三）有制造贩卖假币线索的；

（四）持有人不配合金融机构收缴行为的。

第八条 办理假币收缴业务的人员，应当取得《反假货币上岗资格证书》。《反假货币上岗资格证书》由中国人民银行印制。中国人民银行各分行、营业管理部、省会（首府）城市中心支行负责对所在省（自治区、直辖市）金融机构有关业务人员进行培训、考试和颁发《反假货币上岗资格证书》。

第九条 金融机构对收缴的假币实物进行单独管理，并建立假币收缴代保管登记簿。

第三章 假币的鉴定

第十条 持有人对被收缴货币的真伪有异议，可以自收缴之日起3个工作日内，持《假币收缴凭证》直接或通过收缴单位向中国人民银行当地分支机构或中国人民银行授权的当地鉴定机构提出书面鉴定申请。

中国人民银行分支机构和中国人民银行授权的鉴定机构应当无偿提供鉴定货币真伪的服务，鉴定后应出具中国人民银行统一印制的《货币真伪鉴定书》，并加盖货币鉴定专用章和鉴定人名章。

中国人民银行授权的鉴定机构，应当在营业场所公示授权证书。

第十一条 中国人民银行分支机构和中国人民银行授权的鉴定机构应当自收到鉴定申请之日起2个工作日内，通知收缴单位报送需要鉴定的货币。

收缴单位应当自收到鉴定单位通知之日起2个工作日内，将需要鉴定的货币送达鉴定单位。

第十二条 中国人民银行分支机构和中国人民银行授权的鉴定机构应当自受理鉴定之日起15个工作日内，出具《货币真伪鉴定书》。因情况复杂不能在规定期限内完成的，可延长至30个工作日，但必须以书面形式向申请人或申请单位说明原因。

第十三条 对盖有“假币”字样戳记的人民币纸币，经鉴定为真币的，由鉴定单位交收缴单位按照面额兑换完整券退还持有人，收回持有人的《假币收缴凭证》，盖有“假币”戳记的人民币按损伤人民币处理；经鉴定为假币的，由鉴定单位予以没收，并向收缴单位和持有人开具《货币真伪鉴定书》和《假币没收收据》。

对收缴的外币纸币和各种硬币，经鉴定为真币的，由鉴定单位交收缴单位退还持有人，并收回《假币收缴凭证》；经鉴定为假币的，由鉴定单位将假币退回收缴单位依法收缴，并向收缴单位和持有人出具《货币真伪鉴定书》。

第十四条　中国人民银行分支机构和中国人民银行授权的鉴定机构鉴定货币真伪时，应当至少有两名鉴定人员同时参与，并做出鉴定结论。

第十五条　中国人民银行各分支机构在复点清分金融机构解缴的回笼款时发现假人民币，应经鉴定后予以没收，向解缴单位开具《假币没收收据》，并要求其补足等额人民币回笼款。

第十六条　持有人对金融机构作出的有关收缴或鉴定假币的具体行政行为有异议，可在收到《假币收缴凭证》或《货币真伪鉴定书》之日起 60 个工作日内向直接监管该金融机构的中国人民银行分支机构申请行政复议，或依法提起行政诉讼。

持有人对中国人民银行分支机构作出的有关鉴定假币的具体行政行为有异议，可在收到《货币真伪鉴定书》之日起 60 个工作日内向其上一级机构申请行政复议，或依法提起行政诉讼。

第四章　罚　则

第十七条　金融机构有下列行为之一，但尚未构成犯罪的，由中国人民银行给予警告、罚款，同时，责成金融机构对相关主管人员和其他直接责任人给予相应纪律处分：

（一）发现假币而不收缴的；

（二）未按照本办法规定程序收缴假币的；

（三）应向人民银行和公安机关报告而不报告的；

（四）截留或私自处理收缴的假币，或使已收缴的假币重新流入市场的。

上述行为涉及假人民币的，对金融机构处以 1000 元以上 5 万元以下罚款；涉及假外币的，对金融机构处以 1000 元以下的罚款。

第十八条　中国人民银行授权的鉴定机构有下列行为之一，但尚未构成犯罪的，由中国人民银行给予警告、罚款，同时责成金融机构对相关主管人员和其他直接责任人给予相应纪律处分：

（一）拒绝受理持有人、金融机构提出的货币真伪鉴定申请的；

（二）未按照本办法规定程序鉴定假币的；

（三）截留或私自处理鉴定、收缴的假币，或使已收缴、没收的假币重新流入市场的。

上述行为涉及假人民币的，对授权的鉴定机构处以 1000 元以上 5 万元以下罚款；涉及假外币的，对授权的鉴定机构处以 1000 元以下的罚款。

第十九条　中国人民银行工作人员有下列行为之一，但尚未构成犯罪的，对直接负责的主管人员和其他直接责任人员，依法给予行政处分：

（一）未按照本办法规定程序鉴定假币的；

（二）拒绝受理持有人、金融机构、授权的鉴定机构提出的货币真伪鉴定或再鉴定申请的；

（三）截留或私自处理鉴定、收缴、没收的假币，或使已收缴、没收的假币重新流入市场的。

第五章　附　则

第二十条　本办法自2003年7月1日起施行。

第二十一条　本办法由中国人民银行负责解释。

练　习

1. 搜集各种类型的假币，让学生将其与真币进行比较，提高学生的假币辨别能力。
2. 在一把真币中夹杂部分假币，让学生在规定的时间内挑出。
3. 举办点钞分组对抗赛，比赛形式可以是定时或定量等形式。

项目三 计算技术

【案例导入】

已有2000多年历史的算盘，是现知最古老的计算工具。在中国，尽管已经有了电脑，但大多数商店和银行仍在使用算盘。

对算盘情有独钟的使用者认为，算盘携带方便，无需用电，不会产生辐射，也不会受到任何病毒的侵害。

算盘是环境的朋友。它已经成为计算机的一种必不可少的补充工具。在进行小规模运算时，算盘甚至比掌中计算器快很多。

尽管算盘的生产厂家逐年减少，但剩下为数不多的生产商仍在绞尽脑汁试图设计出新样式的产品。一家算盘厂的负责人付晓友就设计出了一种酷似计算机键盘的算盘，这种算盘在新加坡和日本市场非常畅销。付说："尽管中国的算盘生产厂家正在减少，现在只剩下不到200家，但我们仍相信，这种有数千年历史的古老计算工具一定会有一个美好的未来。"

在中国的银行，所有的职员都使用算盘。在进入银行工作之前，他们必须通过一个国家级别的算盘水平考试。中国算盘协会的数据显示，每年都有100多万人参加算盘水平考试。大部分与计算有关的行业都要求从业人员通过这一考试。

算盘曾在许多科学研究中发挥过重要作用。例如，中国30多年前研制原子弹时，大量的计算就是通过算盘完成的。在美国，一些高科技专业人员也在使用算盘这种"生态计算机"，因为它不会受到电脑病毒的侵害。日本松下公司则要求其员工都能熟练使用算盘。另外，中国的小学仍在教授学生使用算盘，因为学会使用算盘的儿童更聪明，这已经得到了证明。日本曾在1946年举行过一次计算比赛，比赛双方是一名美国人和一名日本人，前者使用一个价值700美元的计算器，而后者则使用一个价值25美分的算盘。比赛要求是尽可能快地完成3位数至12位数之间的加、减、乘、除运算。除了乘法运算，算盘在其他3种运算的比赛中取得了胜利。中国人满怀自豪地保留着算盘这种计算工具，并认为它是中华民族的第五大发明。任何一家中国商店的营业员使用算盘的熟练程度，都会让外国游客大吃一惊。

任务一 珠算基本知识

珠算是以算盘为工具进行数值计算的一种方法。算盘（图3－1和图3－2），是我国古代劳动人民发明创造的一种古老的计算机，是我国古代最重要、最简捷的计算工具。

图3－1　七珠大算盘

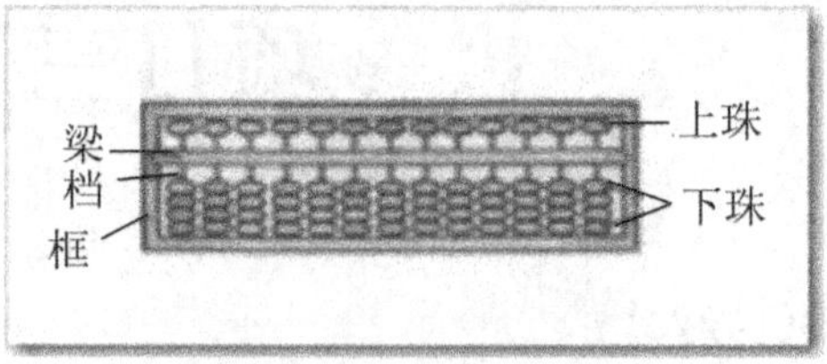

图3－2　五珠小算盘

算盘的种类很多，约在百种以上。常用的算盘主要是七珠大算盘和五珠小算盘两种。算盘用珠表示数，中梁上一珠表示数5，中梁下一珠表示数1；以档表示位，位数的记法和笔算相同，高位在左，低位在右。

算盘十分有用，在电子计算器、计算机没普及以前，几乎是家庭必备的计算工具，是财会、金融专业人士求职谋生的必要技能之一。由于算盘不但是一种极简便的计算工具，而且具有独特的教育职能，现在仍在世界不少国家盛行不衰。我国在设计、制造第一颗人造地球卫星的过程中，科学家们当时解决大量复杂数学运算难题的有力工具，就是中国古老的算盘。

在日本，应考珠算技术等级合格证的人每年都在增加。日本前首相中正康弘评价说："日本战后能成为世界经济大国，和小学生学习珠算有很大关系，因为透过珠算的训练，使日本人的反应更敏捷，因此在商场上常处于最有利地位。"

珠算涉及比较复杂的心理活动，受到世界各国教育专家重视，经教育专家研究发现珠算在教育方面有极高的价值，并建立了珠算心理学这样一门应用很广泛的学科。

根据珠算心理学的原理，珠算除了具有良好、有效的教育功能外，对于干好实际专业工作帮助亦很大。财会、金融专业的高职生学习珠算很有必要，珠算仍是财会、金融专业高职生应该掌握的技能。目前，国内不少高职院校开设有珠算技能训练课程，并鼓励在校生参加珠算等级鉴定证书考试。

任务二　珠算基本使用方法

一、打算盘时的姿势

打算盘是眼、手、脑的综合运用，离开任何一个环节都不行，它同写字一样，必须有一个好的姿势。打算盘时，身要正、腰要直、脚平稳、头稍低、眼向下，身体与桌边保持5～10厘米（约一个拳头）的距离，运算时靠翻动眼皮看数拨珠，不要摇头。打算盘时肘部摆动的幅度不要过大，精力要高度集中。算盘的中央部分基本上要与身体中心一致，练习册一般放在利于左手翻动、眼睛看的位置。

二、珠算的指法

从运算的角度分析，珠算讲究指法和算法。“珠算之用，指法为先”，珠算的指法与算盘的大小、档位的疏密、算珠的多少、算珠的形状等多种因素有一定的联系。实践中有一指法、二指法、三指法、四指法、五指法等不同风格的指法，其中普遍为人们采用的是三指法和二指法。三指法多用于七珠大算盘，二指法多用于五珠小算盘。

珠算的使用方法很大程度上可以说就是指法，珠算指法容易学会，但要真正掌握就需要结合正确的姿势和指法，经过适量的练习，达到熟练的程度。

三指法是用右手三个指头，即拇指、食指和中指完成拨珠动作。打算盘时，将无名指和小指自然弯曲，拇指、食指和中指三个指头与算盘垂直，且分工明确，即以算盘中梁为界，梁上的算珠，上拨下拨都用中指，梁下的算珠，上拨用拇指，下拨用食指。

二指法是仅用右手拇指和食指拨珠。常用二指拨珠法分类简介如下。

（一）单指独拨

1. 拇指

管下珠靠梁，有时管下珠离梁。

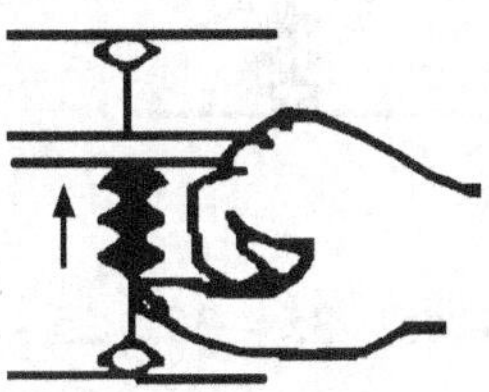

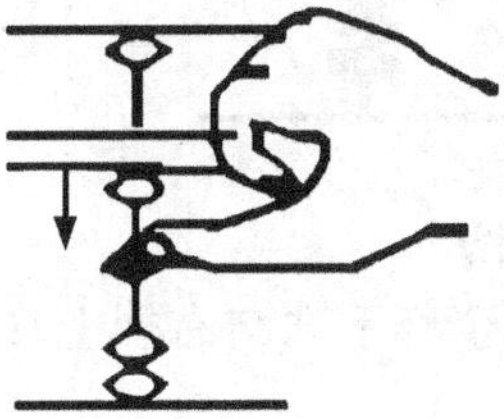

2. 食指

管下珠离梁，上珠靠梁和上珠离梁。

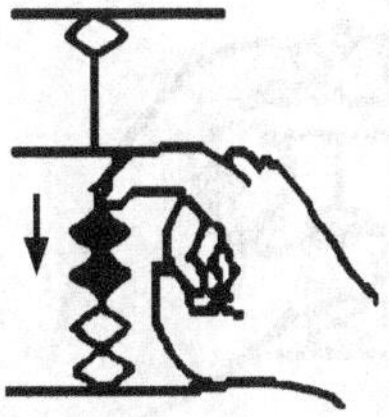

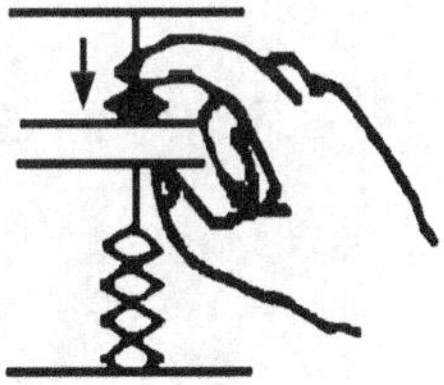

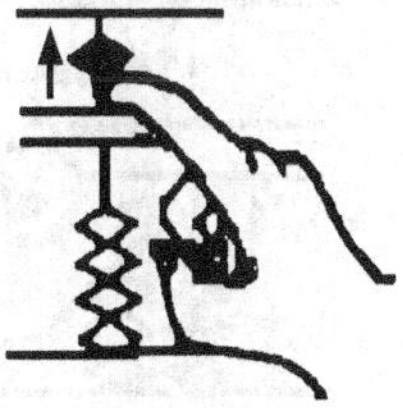

（二）两指联拨

1. 双合

指法：用拇、食指，托拨上下珠靠梁。

（1）同档法。同一档上、下珠同时靠梁。例：在空盘上拨入6、7、8、9或1+7、2+6、3+6、2+7。

（2）异档法。左档下珠和右档上珠同时靠梁。例：在空盘上拨入15、25、35、45或20+15、10+35、12+25。

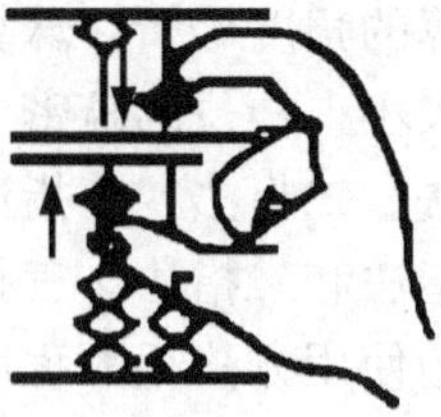

2. 双分

（1）同档法。用拇、食指，挑拨上下珠离梁。

一是同档上珠与全部下珠同时离梁。例：9-9、8-8、7-7、6-6。

二是同档上珠与部分下珠离梁。例：8-7、9-7、9-6、8-6、9-8、7-6。

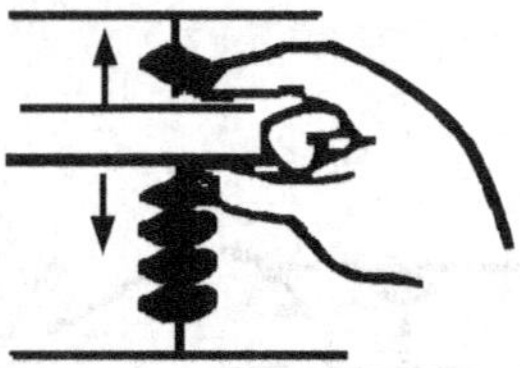

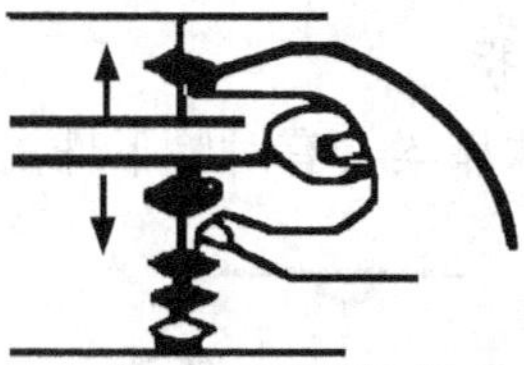

（2）异档法。

一是左档全部下珠与右档上珠同时离梁。例：45-45、35-35、25-25、15-15、89-35。

二是左档部分下珠和右档上珠同时离梁。例：45-25、45-15、45-35、35-15、96-15。

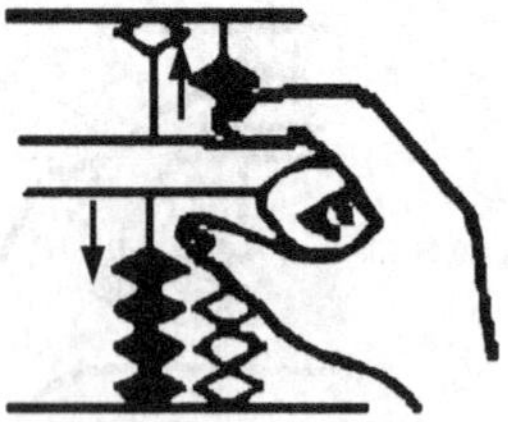

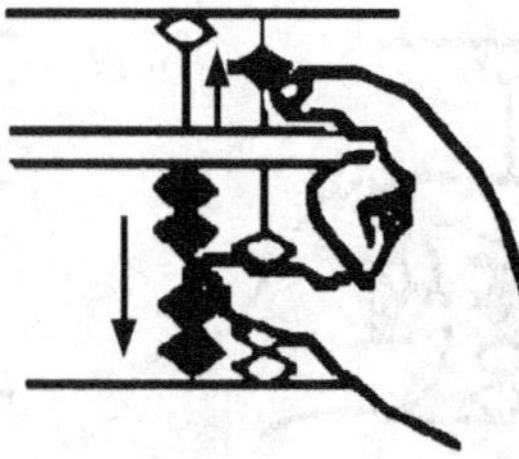

3. 双上

（1）同档法。用拇、食指，托下珠靠梁，挑上珠离梁。同档下珠靠梁，上珠同时离梁。例：5-1、5-2、5-3、5-4、6-1、6-2、6-3等。

（2）异档法。左档下珠靠梁，右档上珠同时离梁。例：5+5、5+15、5+25、5+35、6+5、7+5、8+5、9+5。

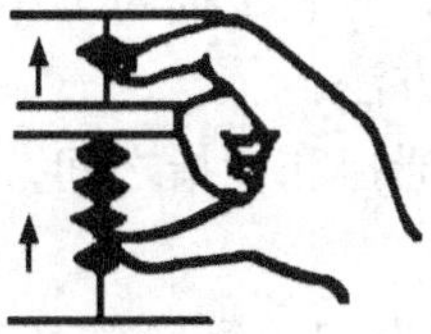

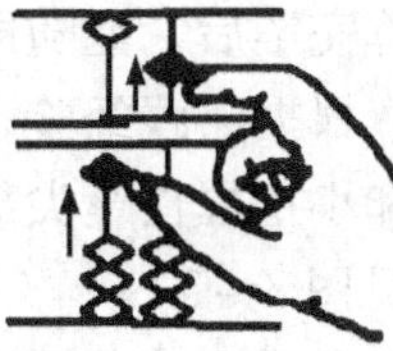

4．双下

（1）同档法。用拇、食指，拨上珠靠梁，下珠离梁。

一是同档上珠靠梁，全部的下珠同时离梁。例：1+4、2+3、3+2、4+1。

二是同档上珠靠梁，部分下珠同时离梁。例：4+4、4+3、4+2。

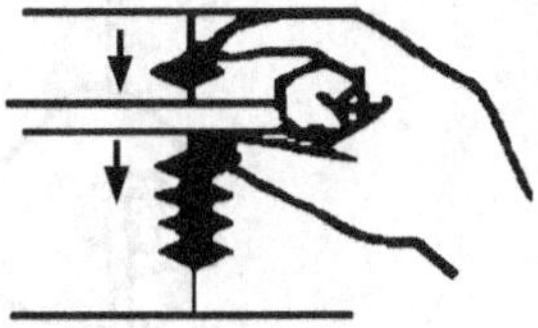

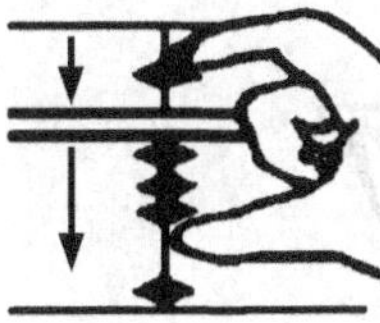

（2）异档法。

一是左档全部下珠离梁，右档上珠同时靠梁。例：10－5、20－15、30－25、40－35。

二是左档部分下珠离梁，右档上珠同时靠梁。例：20－5、30－15、40－25、62－15。

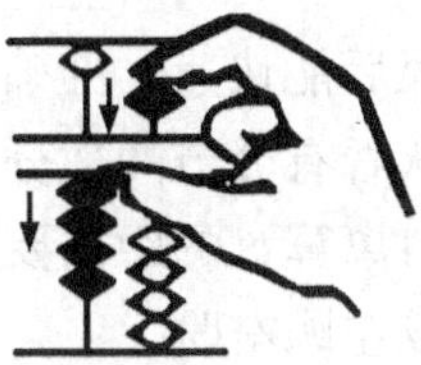

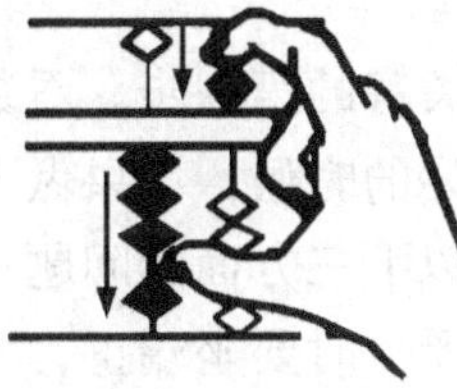

5．扭进

用拇、食指，拨本档下珠离梁，托前档下珠靠梁。例：1+9、2+8、3+7、4+6、6+9、3+17、7+8。

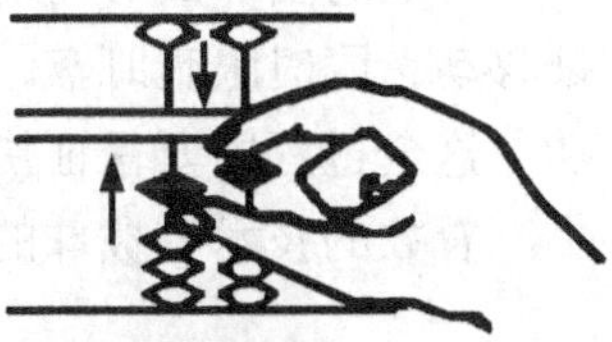

6．扭退

用拇、食指，拨前档下珠离梁，托本档下珠靠梁。例：10－9、10－8、10－7、10－6、20－18、32－19。

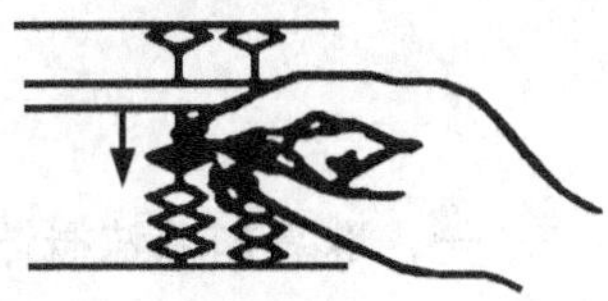

另外，双手拨珠，作为现代珠心算训练时常用的特殊指法，现在正在国内开始传播，并受到好评。可能是未来珠算学习中的重要内容。

三、执笔法

在用算盘计算时，运算中要执笔拨珠，这个过程中执笔的方法叫做执笔法。运用好执笔法，在拨珠运算完毕后，能随即写出运算结果，有利于提高工作效率。

执笔法有多种，根据实践经验，推荐以下几种方法：

一是用无名指和小指握住笔尖部分，笔身横在拇指和食指之间，使拇指、食指和中指能够灵活拨珠（见图3－3）。

二是将笔夹在无名指和小指之间，笔尖在小指方向，笔身横在右手拇指与食指间（见图3－4）。

三是菱珠小算盘握笔法，将笔横在右手拇指与食指间，笔头上端伸出虎口，笔尖露在食指与中指之外（见图3－5）。

图3－3

图3－4

图3－5

四、看数与写数

看数是珠算最关键的第一步。看数时最好看一眼后能快速、准确地拨珠上档或在纸上写出数据。刚开始的时候，如果做不到，也可以从看有分节的数分节看数开始练习。

看数时应注意以下三方面的问题：一是计算资料离算盘的距离要短；二是看数时切忌念出声音；三是看数时要坐端正，不能左右摇晃或左顾右盼。

写数时要养成盯盘的习惯。一道题计算完毕，左手握住清盘器，注意不能让盘上珠被移动，同时眼睛盯盘，在准确的写数位置上从高位到低位连同小数点一次性书写成功。这个过程中要保证快速、准确，尽量避免失误。

看数的技术和拨珠的技术应当相互配合，同时并重，以保证运算速度、准确度。

任务三　珠算加减法

一、珠算加减法概述

加法是一切计算的基础。加减法是珠算最基本、用途最广的运算，也是整个珠算技术的基础，其他运算最终都得转化为加减运算才能完成。据统计，日常经济工作中遇到的计算，80%以上是加减运算，熟练掌握珠算后珠算加减的速度毫不比电子计算器逊色，因此学好加减法十分重要。

珠算加减法与笔算加减法在运算顺序方面有明显的区别：珠算加减法均是从高位起算，而笔算加减法均是从低位起算。

珠算加减法运用“五升十进”制的原理，具有加中有减、减中有加的特点，充分体现了加减互逆运算辩证统一的关系，算理科学。

传统加减法练习有“七盘清”、“九盘清”和“打百子”等，主要是训练指法、速度和准确性。

二、口诀加减法

珠算口诀是我国古代劳动人民在使用算盘过程中总结出来的，用于指导拨珠。对于初学者来说，有很大帮助。但是在使用珠算达到熟练程度之后，口诀会显得不实用，因此在学珠算时，需要在理解的基础上逐步脱离口诀。

珠算口诀，是不必背诵的，重在练习。在运算中先念口诀再拨珠，会影响速度。在理解的基础上，经过反复练习，形成“条件反射”，就能达到见数拨珠、不需口诀就能快速而准确运算的目的。

珠算加减法口诀见表3－1和表3－2。

表3－1 珠算加法口诀表

直接加法（几上几）	指法	下五加法（下五去几）	指法	进十加法（几去几进一）	指法	去五进十加法（几上几去五进一）	指法
一上一	上推	一下五去四	双下	一去九进一	双分		
二上二	上推	二下五去三	双下	二去八进一	双分		
三上三	上推	三下五去二	双下	三去七进一	双分		
四上四	上推	四下五去一	双下	四去六进一	双分		
五上五	下拨			五去五进一	双上		
六上六	双合			六去四进一	扭进	六上一去五进一	双上
七上七	双合			七去三进一	扭进	七上二去五进一	双上
八上八	双合			八去二进一	扭进	八上三去五进一	双上
九上九	双合			九去一进一	扭进	九上四去五进一	双上

注解：表3－1中口诀的第一个数字，是要加的数，后面的“上”、“下”、“去”、“进”是拨珠动作。“上”是加上，是用指拨珠靠梁的动作；“去”是减去，和“上”相反，是拨珠离梁的动作；“下”是专指拨上珠（一颗珠代表数五）靠梁的动作，用于加法计算时和数达到5以上但不满10的情况；“进”是和数达到10以上时在本位档的左边邻档上拨一颗下珠靠梁。

表3-2　珠算减法口诀表

不进位加减法				进位减法			
直接减法（几去几）	指法	破五减法（几上几去五）	指法	直接退十减法（几退一还几）	指法	借（退）十补五减法（几退一还五去几）	指法
一去一	下拨	一上四去五	双上	一退一还九	双合		
二去二	下拨	二上三去五	双上	二退一还八	双合		
三去三	下拨	三上二去五	双上	三退一还七	双合		
四去四	下拨	四上一去五	双上	四退一还六	双合		
五去五	上拨			五退一还五	双下		
六去六	双分			六退一还四	扭退	六退一还五去一	双下
七去七	双分			七退一还三	扭退	七退一还五去二	双下
八去八	双分			八退一还二	扭退	八退一还五去三	双下
九去九	双分			九退一还一	扭退	九退一还五去四	双下

注解：表3-2中口诀中的第一个数字，是要减去的数，后面的“上”、“去”、“退”、“还”是拨珠动作。“上”、“去”和加法口诀表中的含义相同；“退”是表示从前一档减去1，相当于本档减去10；“还”是表示从前档借10减去本档要减的数后，在本档加上10与本档要减的数的差。

三、加减法基本功练习

（一）直加、直减类型

此类比较简单，不涉及进位、退位的问题。运算时，只要按照加数、减数直接向梁、框拨动算珠即可。

练习：

（1）2 231 +1 065 =　　（2）3 412 +5 071 =

（3）3 451 +1 030 =　　（4）8 206 -1 203 =

（二）满5、破5类型

满5的加：当下珠不够加，需要上珠配合时。

破5的减：当下珠不够减，需上珠配合时。

练习：

（1）1 241 +5 434 =　　（2）3 782 -3 241 =

（3）2 315 +34 224 =　　（4）8 186 -3 043 =

（三）进位、退位类型

进位加：两数相加，本位满10时减去补数，在左边邻档加1。补数即和本位数相加等于10的数。

退位减：两数相减，本位不够减的，从左边邻档减去1，同时在本档加上所减数的补数。

练习：

（1）52 410 − 52 402 =　　　　　　　　　　　　（2）52 410 + 47 590 =

（四）破 5 满 10 的加、退 10 满 5 的减类型

（1）破 5 满 10 的加：两个 5 以上、10 以下的个位数相加时。具体情形见表 3 − 3。

表 3 − 3　破 5 满 10 的加

5 + 6	5 + 7	5 + 8	5 + 9	6 + 6
6 + 7	6 + 8	7 + 6	7 + 7	8 + 6

（2）退 10 满 5 的减：两数相减，本档数小于 5 且不够减，需退 10，在本档加上补数后本档数在 5 以上时。具体情形见表 3 − 4。

表 3 − 4　退 10 满 5 的减

10 − 1	10 − 2	10 − 3	10 − 4	11 − 2
11 − 3	11 − 4	11 − 6	12 − 3	12 − 4
12 − 6	12 − 7	13 − 4	13 − 6	13 − 7
13 − 8	14 − 6	14 − 7	14 − 8	14 − 9

练习：

（1）326 + 186 + 728 + 154 + 756 =

（2）765 − 421 + 234 − 549 + 814 + 130 =

四、基本技巧练习

我们知道，在笔算时灵活运用运算规则，往往可以简化运算，从而可以达到速算的目的。珠算也可以运用技巧达到速算的目的，而且珠算的速算除了可以用笔算的速算技巧外，还可以与脑算（即心算）结合进一步成倍地提高计算速度和准确率，这种计算速度和准确率，经过科学的训练，能达到惊人的程度。

珠算比较熟练时，和心算结合普通级别练习时常用的方法有穿梭法、借减法、一目三行法等。

（一）穿梭法

在进行多笔连续加减运算时，可从首位到末位，又从末位到首位……这样的计算方式称为穿梭法。

在连加连减运算中，如果每次均按照从左到右的顺序，每算一次，都要花费一定时间看数，再从左到右做下一笔运算，如此进行，除了因一律从左到右造成的单调、看数浪费时间之外，在运算时还容易错档。使用穿梭法可以避免以上缺点，使用穿梭法，运算顺序交错，可节省看数时间，既利于提高运算速度，也利于提高运算准确度。

这种方法应该在珠算技术比较熟练、运算水平比较高的情况下进行，以保证准确率。

例：
93 724. 65
→
410. 39
←
2 537. 71
→
31 724. 08
←

结果：128 396. 83

例：
454. 72
→
7 608. 34
←
68. 75
→
－1 782. 43
←
405. 27

结果：6 754. 65

（二）借减法

借减法也叫倒减法，是遇到小数减大数，也就是不够减时的算法。在笔算遇到小数减大数时是将大数减去小数，然后在差前面加上负号，但珠算可不必如此。珠算遇到小数减大数时可以用往前一位，甚至可以往前任意位虚借数的方法，只要注意算出最后结果前归还就可以了。

例：284. 37 －612. 59 ＋461. 03

运算步骤：

（1）将被减数 284. 37 拨入盘中，不够减 612. 59，从千位虚借 1，这样被减数成了 1 284. 37，够减了。如下图所示：

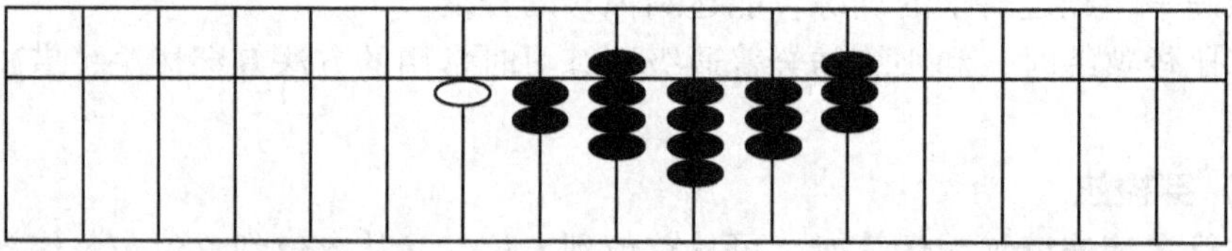

（2）减去减数 612. 59，得 671. 78。如下图所示：

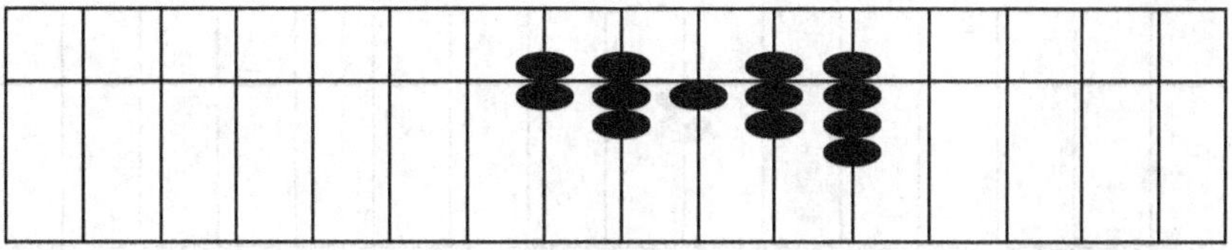

（3）加上461.03，及时归还虚借的1000，得132.81。如下图所示：

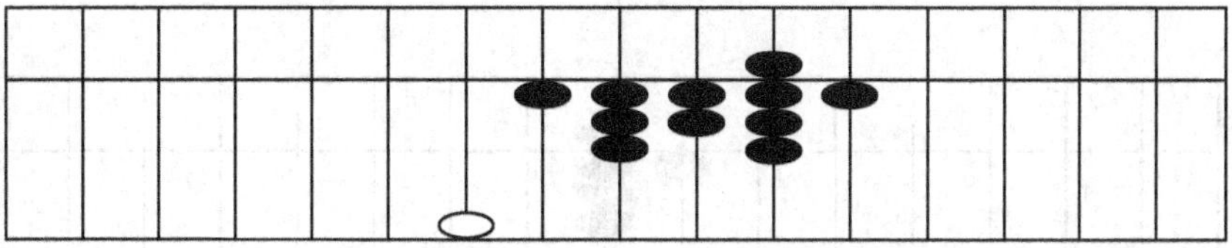

例： 27－42＝－15

运算步骤：

（1）十位档不够减，在百位档虚借100；

（2）以127减去42，得85；

（3）没能还上虚借的100，确定计算结果为－15（85－100）。

（三）一目三行法

一般的珠算练习，是采取一次看一两行数据，然后起算，可称为一目两行法。在此基础上，如果增加所看的数据行数，用心算求出三行数同位上的数字，然后拨在相应档位上，就是一目三行法。一目三行运算有“直接加减法”、“正负抵消法”、“弃九弃十法”等。

学习一目三行法，要注意经常练习三个一位数码之和，熟悉其求和结果和规律，在此基础上进行练习。

1. 正负抵消法

例： 254.36
－72.98
9.54
1 063.27
－41.62
－815.79

计算结果： 396.78

运算步骤：

（1）从高位算起，前三行百位上只有第一行有数，第二、三行百位上无数字，视为0，所以本档为2，对应拨入算盘。如下图所示：

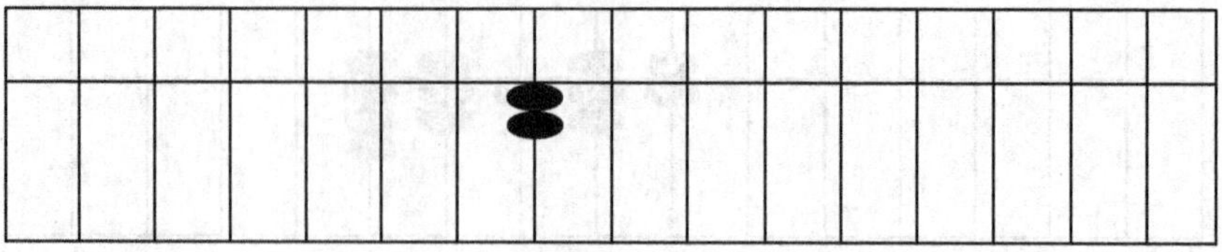

（2）前三行十位上三个数字正负抵消后为 –2，不够减，从前档退 1 后补 8，如下图所示：

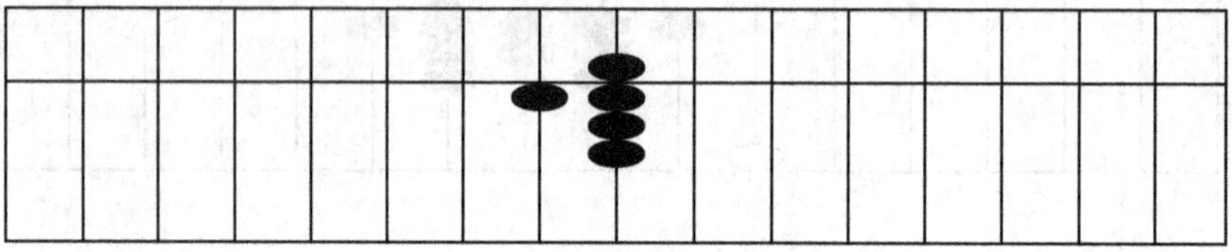

（3）前三行个位上三个数正负抵消后为 11，对应拨入盘中，如下图所示：

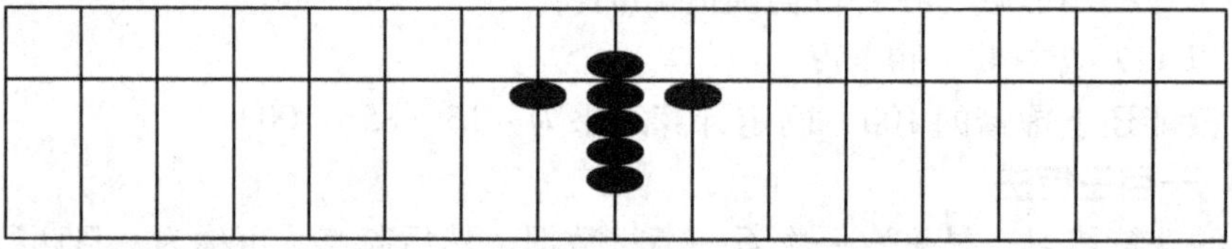

（4）前三行十分位上三个数正负抵消后为 –1，不够减，从前档退 1 后得 9，对应拨入盘中，如下图所示：

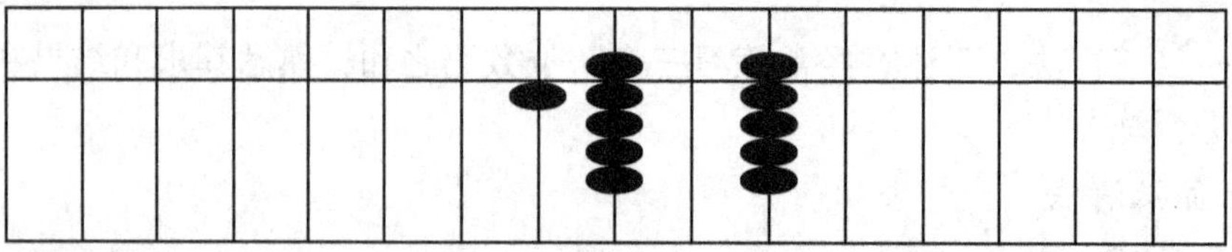

（5）前三行百分位上三个数相抵消后为 2，对应拨入算盘，如下图所示：

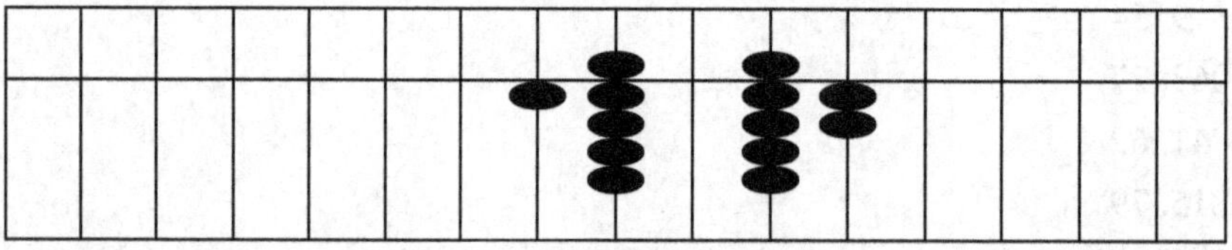

（6）用同样的方法，将第四、五、六这三行抵消后，分别在千位、百位……对应入档，最后答案为 396.78。如下图所示：

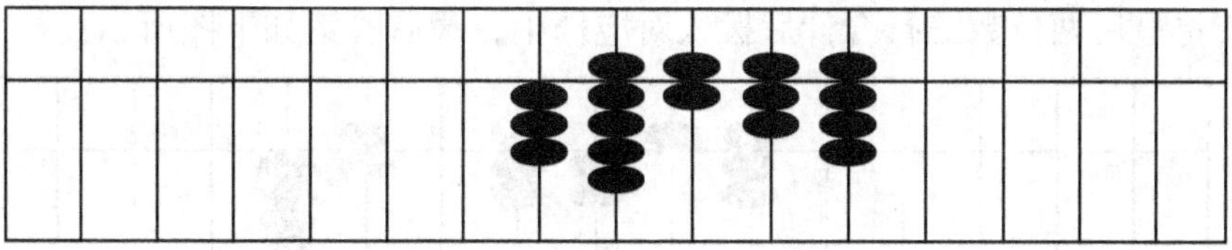

2. 一目三行弃九法

这种方法适用于三行纯加计算。运算时从高位起算，用心算求出三行同位数之和拨珠入盘，当首次遇到三行同位数之和达 9（是谓满 9）以上时，就在前档进 1，并从首位满 9 的数位起至末位前的所有中间各位逐位弃 9，而末位弃 10。若中间各行数位上对应三数之和超过 9，就直接拨加弃 9 后的余数，若不足 9 就从前位借 10 拨加补数。

具体运算中，要注意分析数据的特点，只有经过分析确认适合采用这种方法后才使用。另外，这种方法要注意与一目三行直接加减法结合使用。对于同一道连加连减的计算题，直接加减法和弃 9 法的难易程度正好相反，因此如果结合运用，能降低难度，同时提高运算速度。

例：7 364 819

8 603

153 642

分析：这三行数最高的两位适合直接加减，第 3 至第 6 位数数值较高，适合用弃 9 法，最后一位数适合用直接加减法。

运算步骤如下：

（1）将三行数最前二数位加减后拨入对应档位，如下图所示：

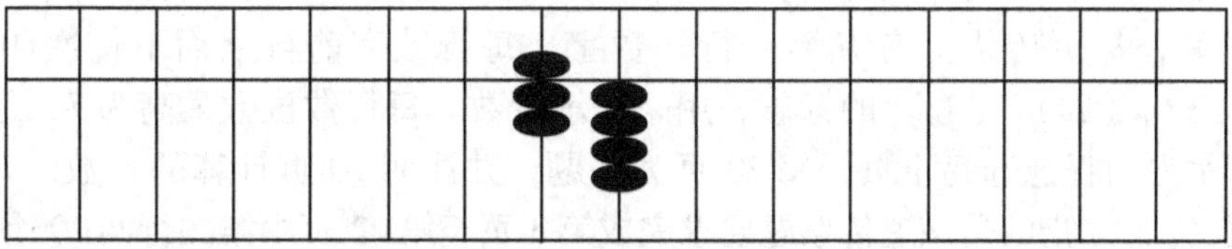

（2）在第 2 位数上加 1，同时将第 3 至第 6 位数各位对应的和数弃 9 后拨入相应档位。结果如下图所示：

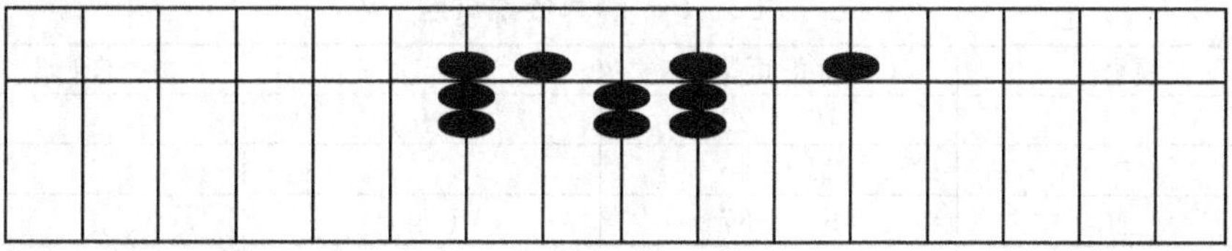

注意：用弃 9 法的数位中最后一位要弃 10，而不是弃 9，这在实际计算过程中容易被忽视而导致计算差错。

(3) 将最后两位数三行合计后拨入对应档中，最后答案如下图所示：

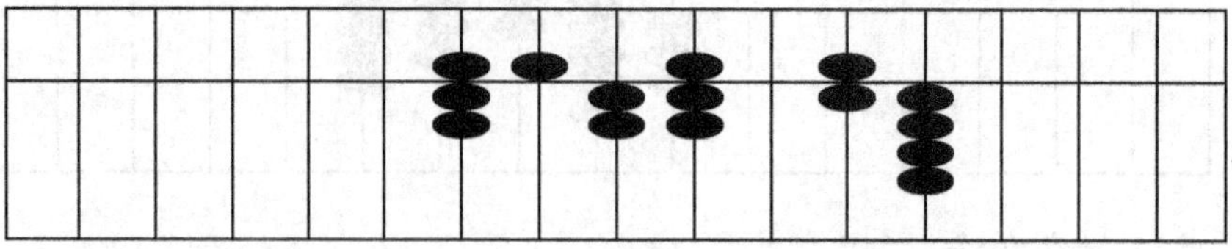

最终计算结果：7 527 064

在熟练掌握一目三行法的基础上，可以增加一次参与计算的行次，过渡到一目四行、五行甚至更多的行次，这些一目更多行次的方法统称为一目多行法。具体做法和一目三行法类似，只是对心算的要求更高。

五、传票算

（一）传票算简介

传票算是加减运算中的一种常用形式，在社会各行各业中有着广泛的应用，如要把多张带有文字和数字的单据、发票、记账凭证等内容相同的数进行汇总，就是传票的计算。简单地说，会计凭证的汇总即传票算。在经济业务中，企业部门的会计核算、统计报表、财务分析、计划检查等业务活动，其报表资料的数字都源自会计凭证的计算、汇总。因此，传票算与账表算都是财会工作者日常工作中一项很重要的基本功，也是珠算考核和竞赛的主要项目，熟练掌握传票算是很有必要的。

（二）传票规格与传票算题型

传票按是否装订，可分为订本式和活页式两种。订本式传票本，标准的是长 19 厘米，宽 9 厘米，用 60 克书写纸印成，一般每本为 100 页，每页的右上角印有阿拉伯数字表示页码，每页传票上有五笔（行）数字，每行数字前自上而下依次印有（一）、（二）、（三）、（四）、（五）的标志，用来表示行数。每行数位数最高为 7，最低为 4。

传票命题时任意选起止页，每 20 页为一题，并注明 20 页计算的行数，即行次。如 3 ～ 22页（二），指的是该道传票题要求完成第 3 页至第 22 页中第二行共 20 个数的汇总。

根据传票算的特点，计算时除传票本、算盘外，另外还需要有一张传票算试题即答案纸。该答案纸形式如表 3－5 所示。

表 3－5　珠算传票试题

题号	起止页数	行次	合计数
一	10 ～ 29	（五）	
二	27 ～ 46	（二）	
三	68 ～ 87	（四）	
四	51 ～ 70	（二）	
…	…	…	

续上表

被乘数 乘数	一	二	三	四	五	六	七	八	九
三	三一 03	三二 06	三三 09	三四 12	三五 15	三六 18	三七 21	三八 24	三九 27
四	四一 04	四二 08	四三 12	四四 16	四五 20	四六 24	四七 28	四八 32	四九 36
五	五一 05	五二 10	五三 15	五四 20	五五 25	五六 30	五七 35	五八 40	五九 45
六	六一 06	六二 12	六三 18	六四 24	六五 30	六六 36	六七 42	六八 48	六九 54
七	七一 07	七二 14	七三 21	七四 28	七五 35	七六 42	七七 49	七八 56	七九 63
八	八一 08	八二 16	八三 24	八四 32	八五 40	八六 48	八七 56	八八 64	八九 72
九	九一 09	九二 18	九三 27	九四 36	九五 45	九六 54	九七 63	九八 72	九九 81

大九九口诀完全能适应各种乘法，在计算时也不需颠倒乘数和被乘数的位置，便于乘法的珠算。

在大九九乘法口诀表中，前两个中文数字分别表示乘数和被乘数，后两个阿拉伯数字表示积的十位数和个位数，乘积是一位数的，在其前面加一个“0”，补成两位数，这样可保持位数一致，避免运算中加错档次。

四、空盘前乘法

乘法是求一个数的若干倍的方法，是根据乘法口诀进行的特殊的加法运算，特点是念乘法口诀时错位相加。珠算乘法的种类很多，在这些方法中，最常用、便捷，和笔算很相似，而又最容易掌握的是空盘前乘法。

空盘前乘法是在五珠算盘出现之后改进原有珠算乘法的基础上产生的新方法，实践表明，空盘前乘法很有实用价值，被认为是最科学的珠算乘法。所谓“空盘”，是指被乘数、乘数都不拨入算盘，直接从被乘数首位同乘数首位开始乘，所谓前乘，就是按从左至右的顺序计算，这样将各部分积直接在盘上相加的运算就是空盘前乘法。在空盘前乘法熟练后，运算顺序可以根据需要灵活掌握，以提高运算效率，这时的空盘前乘法实际上成了“空盘法”，不过习惯上仍称为空盘前乘法。

空盘前乘法是一种要求较高计算技能的快速计算方法。它不需在算盘上布数，只需用眼看或心记账册、单据上的数字，将两数的乘积，依次拨入盘内，求出答数。由于空盘前乘法节省了布数的步骤和时间，运算速度快，效率高，应用比较广泛。

在当今珠算方法中，最受推崇的要算“空盘前乘法”了。但空盘前乘法也有不尽如人意的地方，就是碰到被乘数，乘数的数字或乘积中含 0 较多时对定位的要求较高，比较容易出错。空盘前乘法乘积的定位宜用公式定位法。

可以看出，传票算题每连续 20 页为一题，计 11 个数字。命题时任意选定起止页码，结果填写在答案纸“合计数”栏内。

（三）传票算的基本功

1. 传票算步骤

（1）验票。整理传票本。

传票运算时以左手翻页（打一页翻一页）。运算前应检查传票本有无缺页、重页、破页、粘页或数字不清等问题。确认传票本不存在质量问题后需将传票本捻成扇面形状。

（2）开扇。捻扇面。

传票运算时，一般是左手翻页，右手打算盘，即一页一页地翻打。为了提高运算速度，加快翻页动作，避免翻重页或漏页的现象，运算前除了应验票外，还需将传票捻成扇面形状，使每一页传票松动，便于加快翻页速度。

捻扇面的方法：用左手握住传票的左上角，右手握住传票的右部，两手大拇指放在封面上方，其余四指在封底下边，以左手为轴，右手拇指向前，其余四指向后揉动，捻成扇面后，用铁夹子将左上角夹住。至于扇面大小，根据自己平时的习惯而定。

（3）运算。

左手翻页，右手打算盘。传票一般放在算盘的左下方，具体位置以便于看数、计算和写数为准。

传票运算过程中注意翻页外还要记页。记页在边翻页边计算中较难记住，所以平时要加强训练。心里默记页数，如此反复练习，就会习惯记页。

六、账表算

（一）账表算的概念

账表算又称表格算，是日常经济工作中最常见的加减运算形式，也是会计工作日常结账和汇总数字的重要方法。会计报表的合计、累计、分组算等均属于此类运算。在一张账表中，数据要进行纵横加总，要求纵横双方总额轧平。其最突出的一个要求就是“准”。

（二）账表算的标准题型

目前，全国标准账表算题，每张表由横 5 栏、纵 20 行数码组成，即横 20 题，纵 5 题，要求纵横轧平结出总数。标准账表算中每表带减号的只有 4 笔，没有倒减运算。标准账表格式如表 3－6 所示。

（三）账表算的计分方法

账表算的计分为竖式每对 1 题得 14 分，合计 70 分；横式每对 1 题得 4 分，合计 80 分；两项合计 150 分。如一张账表答数全部正确且轧平（即横式答数合计等于纵式答数合计），另加 50 分。

表 3－6　标准账表格式

题号	一	二	三	四	五	合计
1	3 953	559	245	384 258	987	
2	231	984	2 624	－694	8 305	
3	287	576	908	45 305	293	
4	7 065	3 027	5 176	793	6 580	
5	429	142 516	509	3 728	674	
6	473	348	782	8 392	24 342	
7	346	9 021	453	504	5 768	
8	159	2 748	3 198	74 347	864	
9	8 702	365	6 476 401	624	29 567	
10	4 908	309	360	1 786	213	
11	185	651	629	695	－6 645	
12	783	797	4 832	906 793	394	
13	3 515 632	1 852	978	324	691 765	
14	802	708	753	2 436	8 203	
15	475	7 259	－6 804	691 765	896	
16	2 034	714	295	8 203	5 703	
17	765	408 432	461	896	386	
18	691	390	9 302	5 703	846 792	
19	703	145	169	－386	214	
20	1 248	816	694	846 792	77 425	
合计						

任务四　珠算乘法

一、数的位数

珠算因在算盘上没有固定的个位，又是用空档表示“0”，计算虽准确，往往因定位发生差错，前功尽弃。俗话说，“算盘好打位难定”。我国古代的珠算书也很强调“凡算之法，先识其位”，所以说，珠算定位是很重要的。珠算乘除定位的知识和技能相对珠算加减来说更是必要的基础。

珠算定位是珠算技术的重要组成部分。珠算加减运算按位入档即可，珠算乘除运算因是错位加减则要随时认清一定的位数，而且运算中涉及错位加减运算，要求高得多，故定位法一般指的是珠算的乘除定位方法。

根据小数点的位置不同，数的位数分为三种。

（1）正位数。凡是整数带小数的数，小数点左边有几位数就是正几位。如 284.36，小数点左边有三位数，是正三位，可用“+3”表示。

（2）零位数。凡是纯小数，小数点左边的数为零，同时小数点右边第一位数不是零的数，称为零位数，可用“0”表示。

（3）负位数。凡是纯小数，小数点左边的数为零，同时小数点右边第一位数是零的数，称为负位数。小数点和左边第一位不是零的数之间有几个零，就是负几位。如 0.0678 是负一位，可用“－1”表示；0.00 956 是负二位，可用“－2”表示。

二、乘法的公式定位法

定位对于乘法来说就是根据两因数的位数和两因数乘积的首位判断乘积的个数位。一般算盘上都是每 3 个数位有一个标记的，在打乘除法时基本不用去判断个位，不过不少算盘上并没有数位标记，而且看标记对计算有一定影响。直接进行运算，得出乘积后根据公式定位法，用心算就可快速、准确地确定乘积的位数，因此，公式定位法方便实用、实用范围广，是必须掌握的方法。

乘法的公式定位方法是两个乘数的实位相加，如果得出来的乘积首位数比两个乘数的首位数要大就要减一位，否则就不用减。如果设被乘数的位数为 M，乘数的位数为 N，由于积数首数未进位时比两因数的首数大，这时确定积数位数的公式为 $M+N-1$；积数首数进位时比两因数的首数小，这时确定积数位数的公式为 $M+N$。

例如：1953125×512

在算盘上计算结果有效数字是 1，不大于两个乘数的首位有效数字，所以确定积数位数为 $7+3=10$，积数为 10 000 000 000。

三、乘法口诀

乘法口诀有大九九和小九九之分。小九九是 36 句，大九九是 81 句，小九九 2 的乘法只有两句，大九九 2 的乘法口诀是九句，3 的口诀也是九句，所以就是九九八十一句。

大九九口诀是根据 1 ～ 9 九个数字分别乘以 1 ～ 9，共 81 句，一律四字一句，它的每个乘积必须使用两位数记积法，如表 3－7 所示。

表 3－7　大九九乘法口诀表

被乘数 乘数	一	二	三	四	五	六	七	八	九
一	一一 01	一二 02	一三 03	一四 04	一五 05	一六 06	一七 07	一八 08	一九
二	二一 02	二二 04	二三 06	二四 08	二五 10	二六 12	二七 14	二八 16	二九

可以看出，传票算题每连续 20 页为一题，计 11 个数字。命题时任意选定起止页码，结果填写在答案纸“合计数”栏内。

（三）传票算的基本功

1. 传票算步骤

（1）验票。整理传票本。

传票运算时以左手翻页（打一页翻一页）。运算前应检查传票本有无缺页、重页、破页、粘页或数字不清等问题。确认传票本不存在质量问题后需将传票本捻成扇面形状。

（2）开扇。捻扇面。

传票运算时，一般是左手翻页，右手打算盘，即一页一页地翻打。为了提高运算速度，加快翻页动作，避免翻重页或漏页的现象，运算前除了应验票外，还需将传票捻成扇面形状，使每一页传票松动，便于加快翻页速度。

捻扇面的方法：用左手握住传票的左上角，右手握住传票的右部，两手大拇指放在封面上方，其余四指在封底下边，以左手为轴，右手拇指向前，其余四指向后揉动，捻成扇面后，用铁夹子将左上角夹住。至于扇面大小，根据自己平时的习惯而定。

（3）运算。

左手翻页，右手打算盘。传票一般放在算盘的左下方，具体位置以便于看数、计算和写数为准。

传票运算过程中注意翻页外还要记页。记页在边翻页边计算中较难记住，所以平时要加强训练。心里默记页数，如此反复练习，就会习惯记页。

六、账表算

（一）账表算的概念

账表算又称表格算，是日常经济工作中最常见的加减运算形式，也是会计工作日常结账和汇总数字的重要方法。会计报表的合计、累计、分组算等均属于此类运算。在一张账表中，数据要进行纵横加总，要求纵横双方总额轧平。其最突出的一个要求就是“准”。

（二）账表算的标准题型

目前，全国标准账表算题，每张表由横 5 栏、纵 20 行数码组成，即横 20 题，纵 5 题，要求纵横轧平结出总数。标准账表算中每表带减号的只有 4 笔，没有倒减运算。标准账表格式如表 3－6 所示。

（三）账表算的计分方法

账表算的计分为竖式每对 1 题得 14 分，合计 70 分；横式每对 1 题得 4 分，合计 80 分；两项合计 150 分。如一张账表答数全部正确且轧平（即横式答数合计等于纵式答数合计），另加 50 分。

表3－6 标准账表格式

题号	一	二	三	四	五	合计
1	3 953	559	245	384 258	987	
2	231	984	2 624	－694	8 305	
3	287	576	908	45 305	293	
4	7 065	3 027	5 176	793	6 580	
5	429	142 516	509	3 728	674	
6	473	348	782	8 392	24 342	
7	346	9 021	453	504	5 768	
8	159	2 748	3 198	74 347	864	
9	8 702	365	6 476 401	624	29 567	
10	4 908	309	360	1 786	213	
11	185	651	629	695	－6 645	
12	783	797	4 832	906 793	394	
13	3 515 632	1 852	978	324	691 765	
14	802	708	753	2 436	8 203	
15	475	7 259	－6 804	691 765	896	
16	2 034	714	295	8 203	5 703	
17	765	408 432	461	896	386	
18	691	390	9 302	5 703	846 792	
19	703	145	169	－386	214	
20	1 248	816	694	846 792	77 425	
合计						

任务四 珠算乘法

一、数的位数

珠算因在算盘上没有固定的个位，又是用空档表示“0”，计算虽准确，往往因定位发生差错，前功尽弃。俗话说，“算盘好打位难定”。我国古代的珠算书也很强调“凡算之法，先识其位”，所以说，珠算定位是很重要的。珠算乘除定位的知识和技能相对珠算加减来说更是必要的基础。

珠算定位是珠算技术的重要组成部分。珠算加减运算按位入档即可，珠算乘除运算因是错位加减则要随时认清一定的位数，而且运算中涉及错位加减运算，要求高得多，故定位法一般指的是珠算的乘除定位方法。

根据小数点的位置不同，数的位数分为三种。

（1）正位数。凡是整数带小数的数，小数点左边有几位数就是正几位。如 284.36，小数点左边有三位数，是正三位，可用“+3”表示。

（2）零位数。凡是纯小数，小数点左边的数为零，同时小数点右边第一位数不是零的数，称为零位数，可用“0”表示。

（3）负位数。凡是纯小数，小数点左边的数为零，同时小数点右边第一位数是零的数，称为负位数。小数点和左边第一位不是零的数之间有几个零，就是负几位。如 0.0678 是负一位，可用“-1”表示；0.00956 是负二位，可用“-2”表示。

二、乘法的公式定位法

定位对于乘法来说就是根据两因数的位数和两因数乘积的首位判断乘积的个数位。一般算盘上都是每 3 个数位有一个标记的，在打乘除法时基本不用去判断个位，不过不少算盘上并没有数位标记，而且看标记对计算有一定影响。直接进行运算，得出乘积后根据公式定位法，用心算就可快速、准确地确定乘积的位数，因此，公式定位法方便实用、实用范围广，是必须掌握的方法。

乘法的公式定位方法是两个乘数的实位相加，如果得出来的乘积首位数比两个乘数的首位数要大就要减一位，否则就不用减。如果设被乘数的位数为 M，乘数的位数为 N，由于积数首数未进位时比两因数的首数大，这时确定积数位数的公式为 $M+N-1$；积数首数进位时比两因数的首数小，这时确定积数位数的公式为 $M+N$。

例如：1953125×512

在算盘上计算结果有效数字是1，不大于两个乘数的首位有效数字，所以确定积数位数为 $7+3=10$，积数为 10 000 000 000。

三、乘法口诀

乘法口诀有大九九和小九九之分。小九九是 36 句，大九九是 81 句，小九九 2 的乘法只有两句，大九九 2 的乘法口诀是九句，3 的口诀也是九句，所以就是九九八十一句。

大九九口诀是根据 1 ～ 9 九个数字分别乘以 1 ～ 9，共 81 句，一律四字一句，它的每个乘积必须使用两位数记积法，如表 3-7 所示。

表 3-7　大九九乘法口诀表

被乘数 乘数	一	二	三	四	五	六	七	八	九
一	一一 01	一二 02	一三 03	一四 04	一五 05	一六 06	一七 07	一八 08	一九 09
二	二一 02	二二 04	二三 06	二四 08	二五 10	二六 12	二七 14	二八 16	二九 18

续上表

乘数＼被乘数	一	二	三	四	五	六	七	八	九
三	三一 03	三二 06	三三 09	三四 12	三五 15	三六 18	三七 21	三八 24	三九 27
四	四一 04	四二 08	四三 12	四四 16	四五 20	四六 24	四七 28	四八 32	四九 36
五	五一 05	五二 10	五三 15	五四 20	五五 25	五六 30	五七 35	五八 40	五九 45
六	六一 06	六二 12	六三 18	六四 24	六五 30	六六 36	六七 42	六八 48	六九 54
七	七一 07	七二 14	七三 21	七四 28	七五 35	七六 42	七七 49	七八 56	七九 63
八	八一 08	八二 16	八三 24	八四 32	八五 40	八六 48	八七 56	八八 64	八九 72
九	九一 09	九二 18	九三 27	九四 36	九五 45	九六 54	九七 63	九八 72	九九 81

大九九口诀完全能适应各种乘法，在计算时也不需颠倒乘数和被乘数的位置，便于乘法的珠算。

在大九九乘法口诀表中，前两个中文数字分别表示乘数和被乘数，后两个阿拉伯数字表示积的十位数和个位数，乘积是一位数的，在其前面加一个“0”，补成两位数，这样可保持位数一致，避免运算中加错档次。

四、空盘前乘法

乘法是求一个数的若干倍的方法，是根据乘法口诀进行的特殊的加法运算，特点是念乘法口诀时错位相加。珠算乘法的种类很多，在这些方法中，最常用、便捷，和笔算很相似，而又最容易掌握的是空盘前乘法。

空盘前乘法是在五珠算盘出现之后改进原有珠算乘法的基础上产生的新方法，实践表明，空盘前乘法很有实用价值，被认为是最科学的珠算乘法。所谓“空盘”，是指被乘数、乘数都不拨入算盘，直接从被乘数首位同乘数首位开始乘，所谓前乘，就是按从左至右的顺序计算，这样将各部分积直接在盘上相加的运算就是空盘前乘法。在空盘前乘法熟练后，运算顺序可以根据需要灵活掌握，以提高运算效率，这时的空盘前乘法实际上成了“空盘法”，不过习惯上仍称为空盘前乘法。

空盘前乘法是一种要求较高计算技能的快速计算方法。它不需在算盘上布数，只需用眼看或心记账册、单据上的数字，将两数的乘积，依次拨入盘内，求出答数。由于空盘前乘法节省了布数的步骤和时间，运算速度快，效率高，应用比较广泛。

在当今珠算方法中，最受推崇的要算“空盘前乘法”了。但空盘前乘法也有不尽如人意的地方，就是碰到被乘数，乘数的数字或乘积中含 0 较多时对定位的要求较高，比较容易出错。空盘前乘法乘积的定位宜用公式定位法。

（一）一位数乘法

一位数乘法指乘数只有一位数的乘法，空盘前乘法的一位乘法也叫“单积一口清”，是珠算乘、除法的基础。

“单积一口清”是一种能够一次直接读出一位数乘以多位数之积的速算方法，它是根据数字之间的内在联系总结出来的一套特殊的运算规律：即提前进位，本位积加进位积，也简称“本个加后进”。

1. 不用单积一口清时算法

例： 356×5

运算步骤：

（1）确定运算顺序：从高位起算，念口诀“五三 15”，同时拨珠上档，盘上算珠为 15；如下图所示：

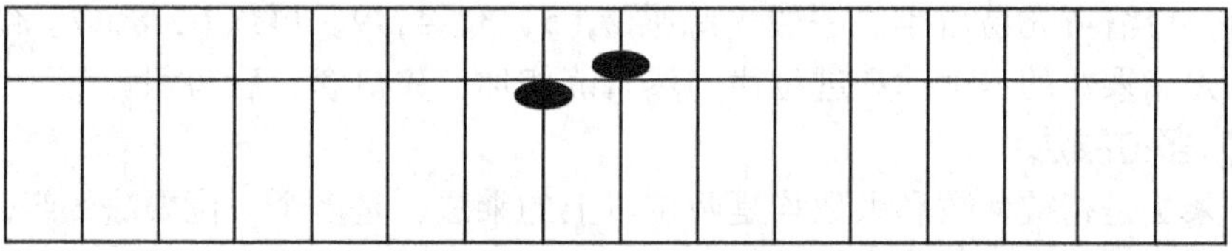

（2）念口诀“五五 25”，同时拨珠上档，盘上算珠为 175；如下图所示：

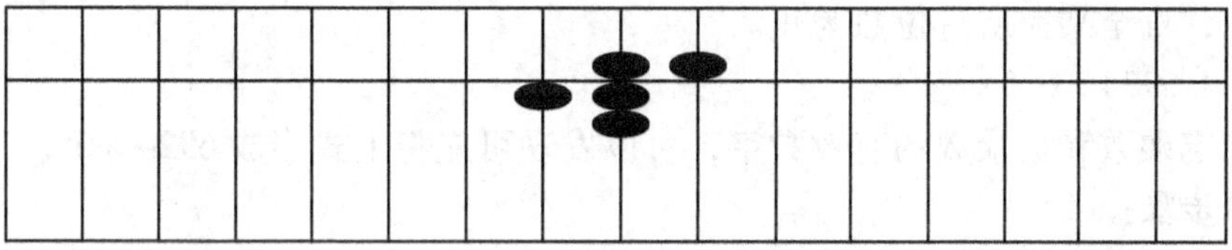

（3）念口诀“五六 30”，同时拨珠上档，盘上算珠为 178；如下图所示：

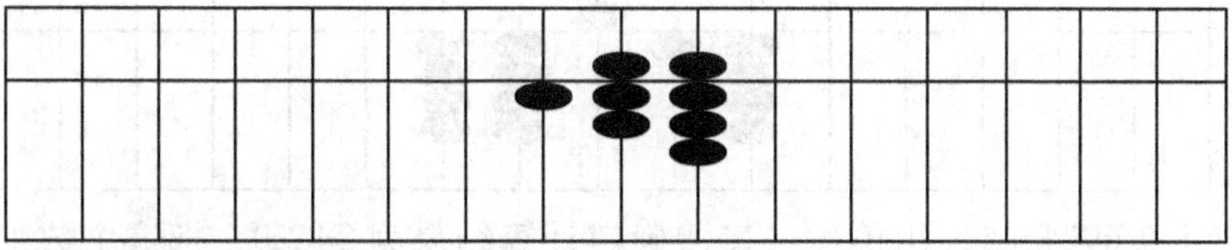

（4）根据定位公式，确定计算后答案为 1780。

2. 用“单积一口清”时算法

例： 63745×9＝573705

运算步骤：

（1）拨本位积上档：47365（心算），如下图所示：

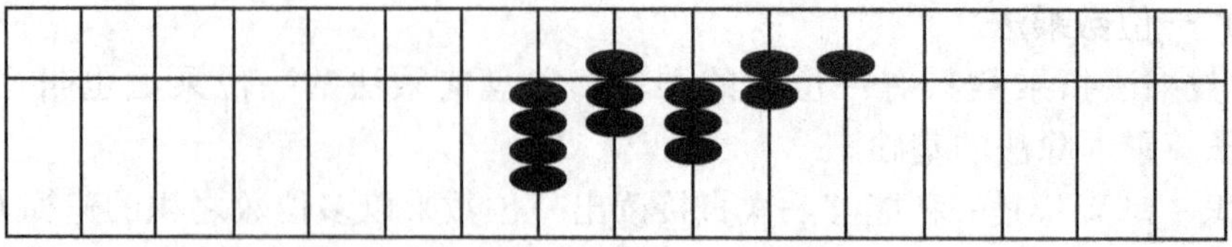

（2）加后进积52634入档，如下图所示：

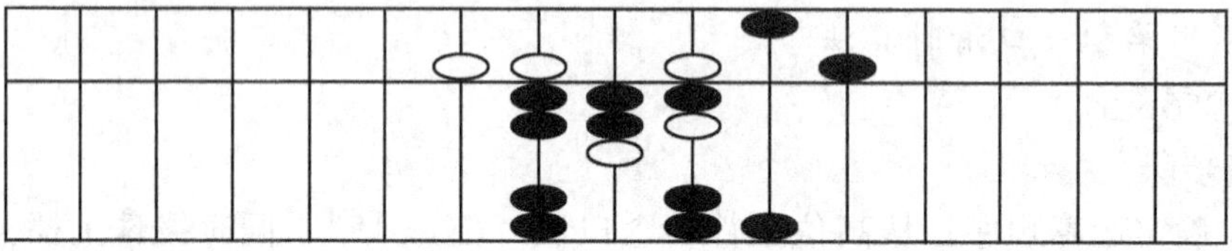

积：573705。

学习一口清可先易后难。一般先练乘2，5，3，4，9，再练6，8，7。练好一个再练一个。先练乘数的本个律和进位律，然后练相加。先口念，后写积。

（二）多位乘法

多位乘法是指被乘数和乘数均是两位以上的乘法，是多个一位乘法的组合。多位数乘法的基础是单积一口清和多位数加减法。

多位数空盘前乘法的顺序是被乘数从首位至末位，依次与乘数的首位至末位相乘，逐步累加，直至乘完所有位数为止。

例：0.6924×6.5

先确定乘数和被乘数的有效数字，可以发现可先将上式当成6924×65。

运算步骤：

（1）计算6924×60，可用单积一口清确定计算结果为415440；如下图所示：

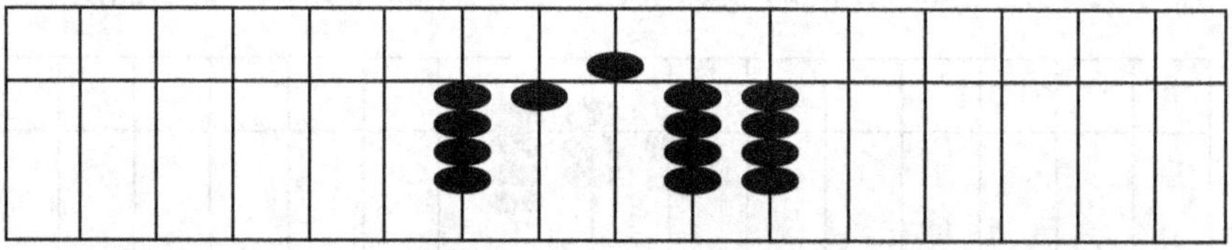

（2）计算6924×5，用单积一口清确定计算结果为34620，把这个数加到415440上；如下图所示：

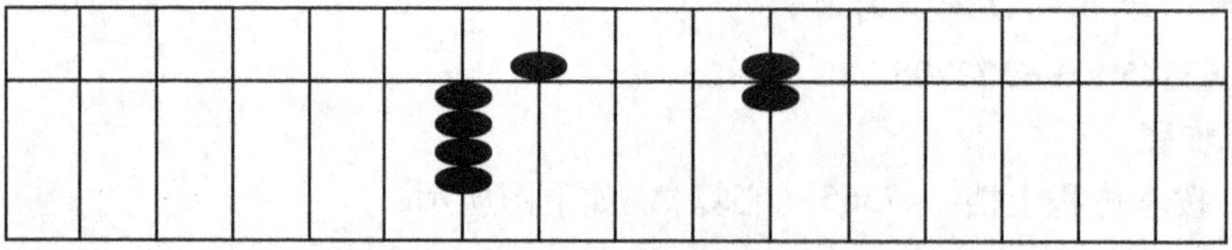

（3）观察错位相加后的结果，得出答案450060。

（4）用公式定位法确定0.6924×6.5的答案是4.5006。

任务五　珠算除法

一、除法的公式定位方法

可以说珠算除法的定位是珠算乘法定位的逆运算。对于珠算除法，公式定位法同样是必须掌握的。

假设被除数位数为 M，除数位数为 N。当被除数首位或头几位大于除数的相应数（即够除）时，商的位数等于 $M-N+1$；反之，当被除数首位或头几位小于除数的相应数时，商的位数等于 $M-N$。

例：给0.0815÷32定位。

被除数是－1位，除数是＋2位；被除数首位是8，除数首位是3，商的位数应该是 $-1-2+1=-2$。

例：给963÷964定位。

被除数是＋3位，除数是＋3位；被除数头几位是963，除数头几位是964，商的位数应该是 $+3-(+3)=0$。

二、商除法

商除法（分隔位除和不隔位除）计算方法和除法笔算基本相同，因而简便易学，为大多数人所采用。试商和笔算一样用乘法口诀推算，只是在减积时，珠算是从高位起减。

商除法有估商不易准确的缺点。商估小了可以补，估高了时的处理则比较难以理解。

（一）商除法的一般步骤

拨被除数→估商→置商→减积→定位。

上述步骤在每置商一次后循环进行，直至求得满意的商为止。

置商位置依据口诀“本位够除隔档上商，本位不够除挨档上商”进行。

（二）一位商除法

一位商除法为除数是一位时的商除法。

例：96÷5＝

运算步骤：

（1）拨被除数上档，如下图所示：

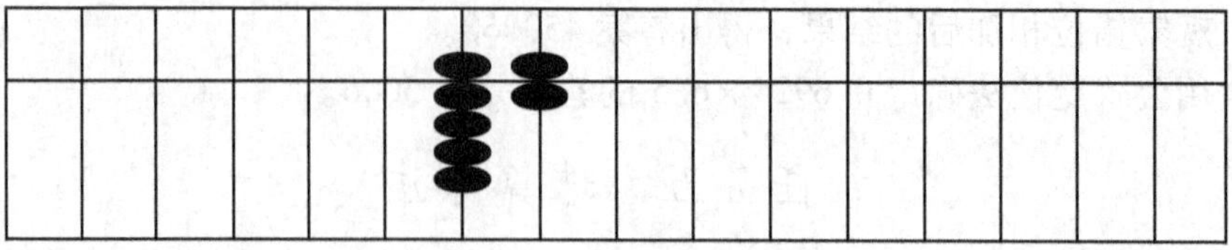

（2）估商。被除数首位大于除数，故够除隔位商。将被除数首位9除以5，估商1；如下图所示：

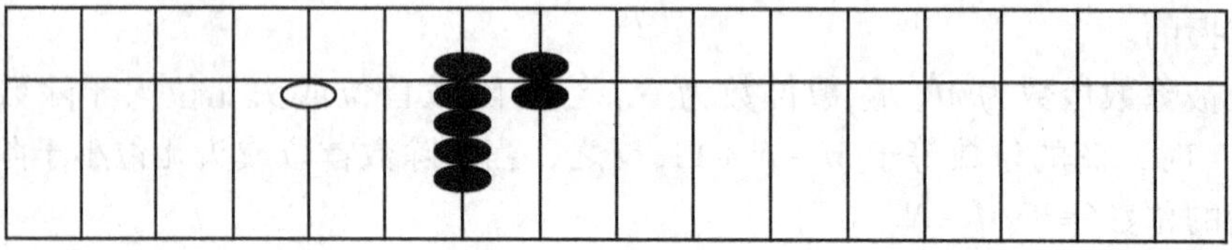

（3）置商。够除隔位置商，在被除数左边隔一位上商1，然后从被除数首位起减乘积“一五05”，得首位商1，余数为46；如下图所示：

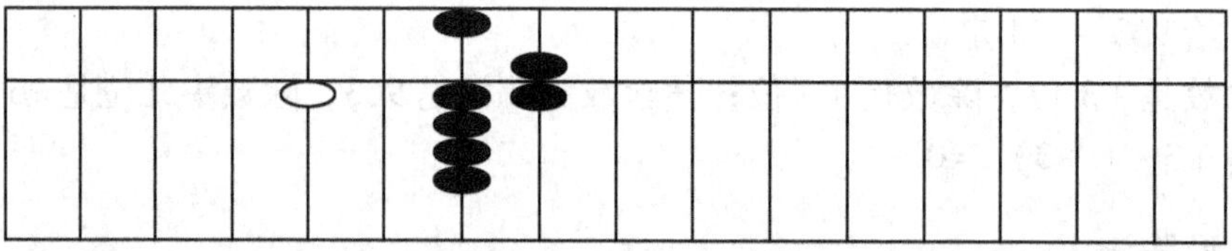

（4）余数首位4小于除数5，不够除，将余数前两位46除以除数5，够除，估商9；如下图所示：

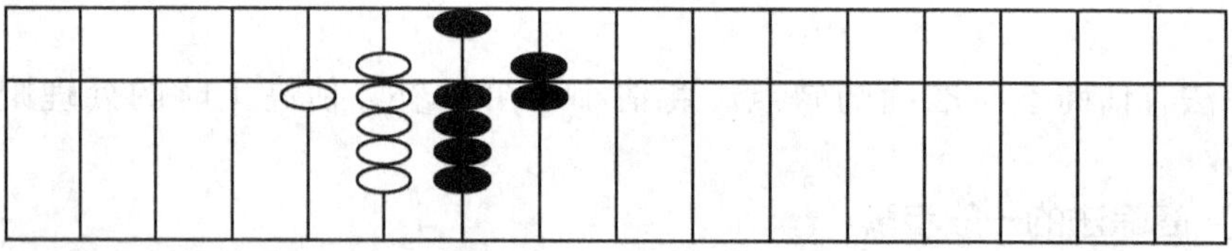

（5）置商。本位不够除，在余数46左边挨档上商9，然后减乘积“九五45”，够除，余数为1；如下图所示：

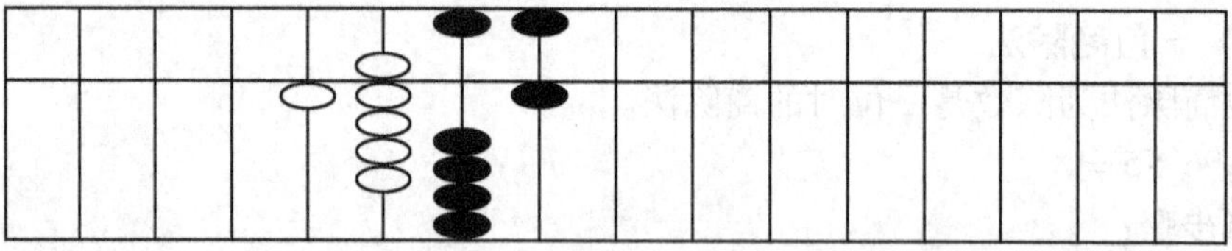

（6）余数1小于除数5，不够除，将余数前两位10除以除数5，够除，估商2；如下图所示：

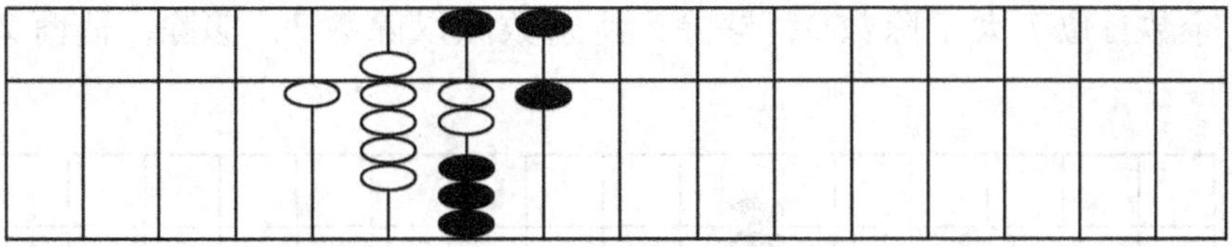

（7）置商：本位不够除，在余数 10 左边挨档上商 2，然后减乘积“二五 10”，正好除尽；如下图所示：

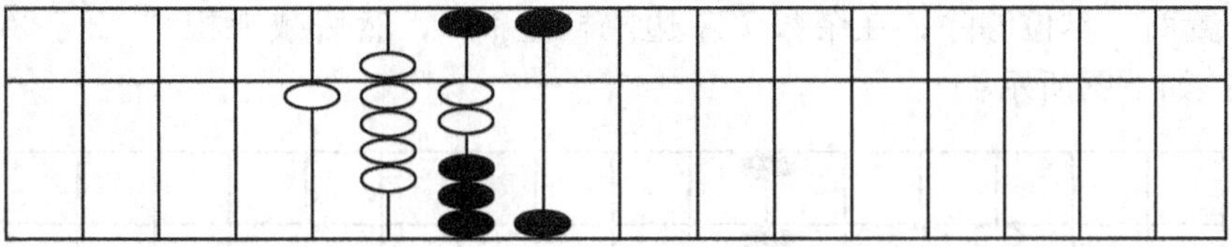

（8）根据定位公式，商的位数应该是 2，则确定答案为 19.2。

例： 12.7 ÷ 0.003

运算步骤：

（1）拨被除数上档；如下图所示：

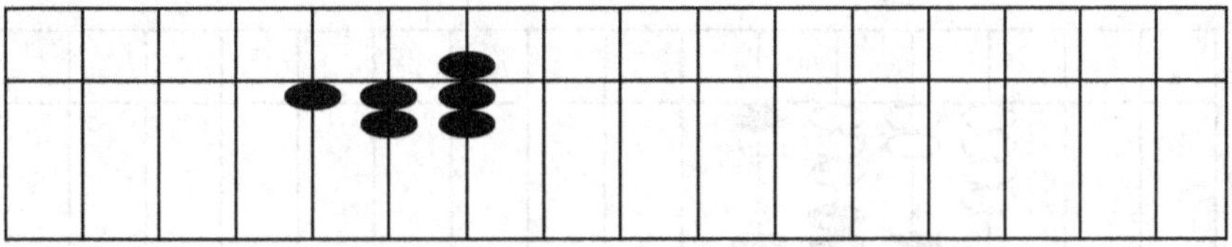

（2）估商。被除数首位小于除数，故不够除挨位商。将被除数前两位 12 除以 3，估商 4；如下图所示：

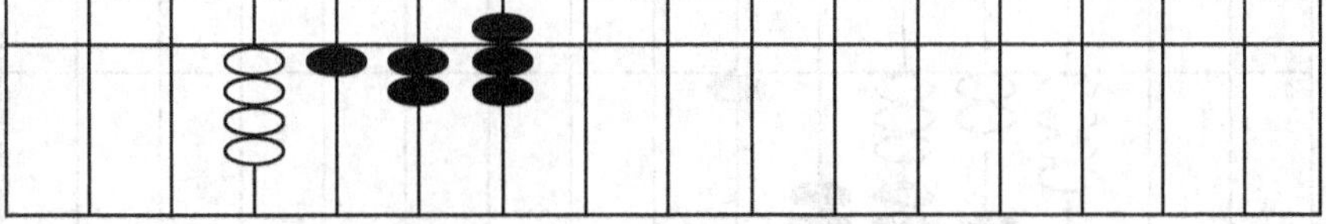

（3）置商。不够除挨位置商，在被除数左边上商 4，然后从被除数前两位减乘积“四三 12”，得首位商 40，余数为 7；如下图所示：

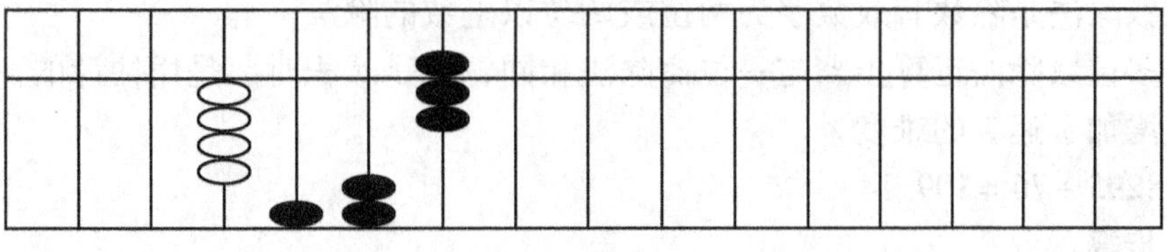

（4）余数首位 7 大于除数 3，够除，将余数除以除数 3，够除，估商 2；如下图所示：

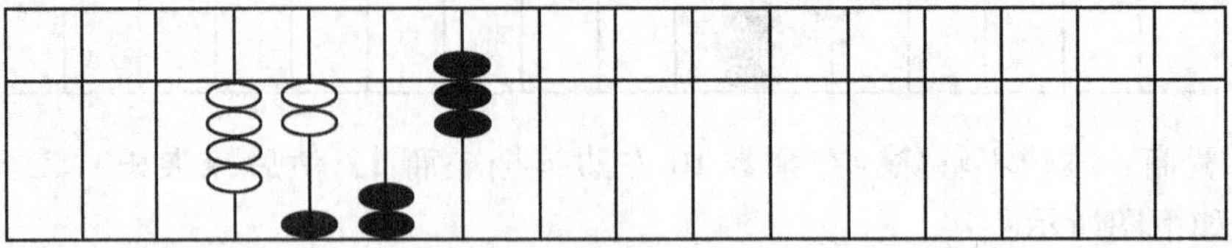

（5）置商。本位够除，在余数 7 左边隔档上商 2，然后减乘积“二三 06”，够除，余数为 1；如下图所示：

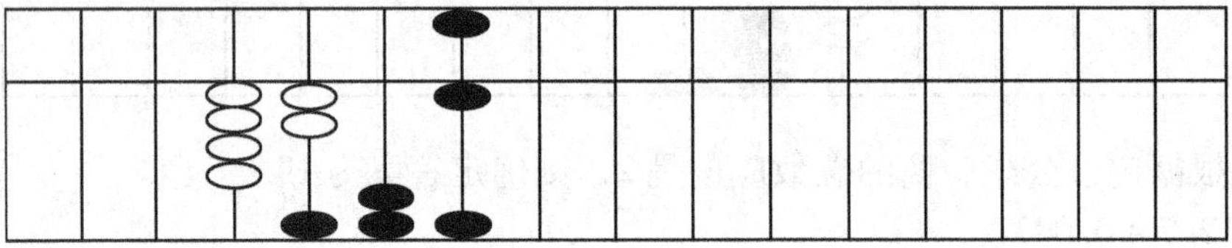

（6）余数 1 小于除数 3，不够除，将余数前两位 10 除以除数 3，估商 3；如下图所示：

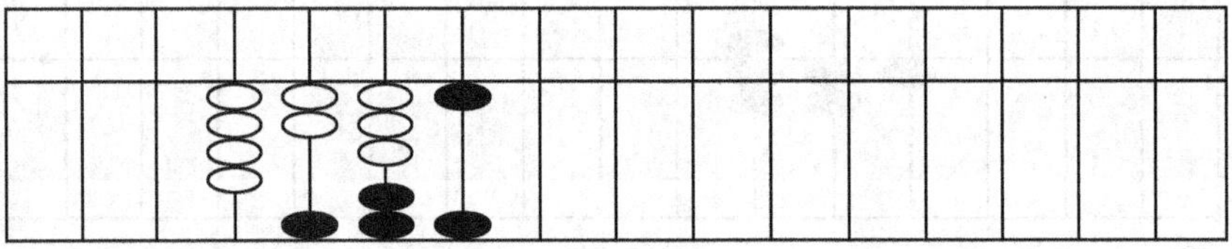

（7）置商。本位不够除，在余数 3 左边挨档上商 3，然后减乘积“三三 09”，余 1，可以发现后面的是循环商数 3。如下图所示：

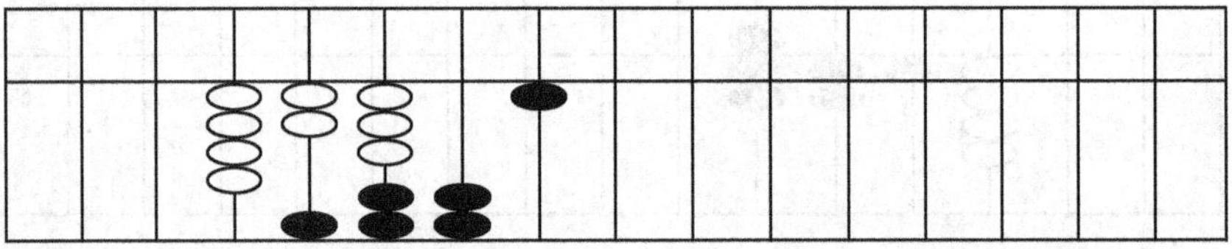

（8）根据定位公式，商的位数应该是 2 -（ -2）= 4，则确定答案为 4233. 33。

（三）多位数除法

多位数除法是除数有效数字为两位或两位以上数的除法。

珠算多位数除法运算步骤与一位商除法相同，只是减积时，是用估计的商乘多位除数，这样增加了运算的难度。

例：8295 ÷ 76 = 109. 14

运算步骤：

（1）拨被除数 8295 上档；如下图所示：

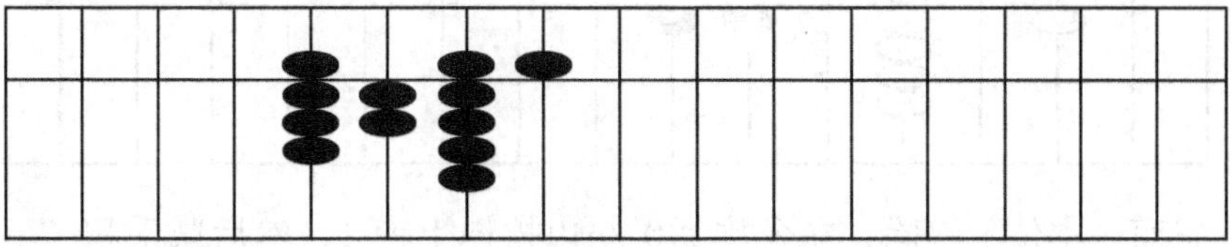

（2）估商。被除数首位大于除数，故够除置隔位商。将被除数前两位 82 除以 76，估商 1；如下图所示：

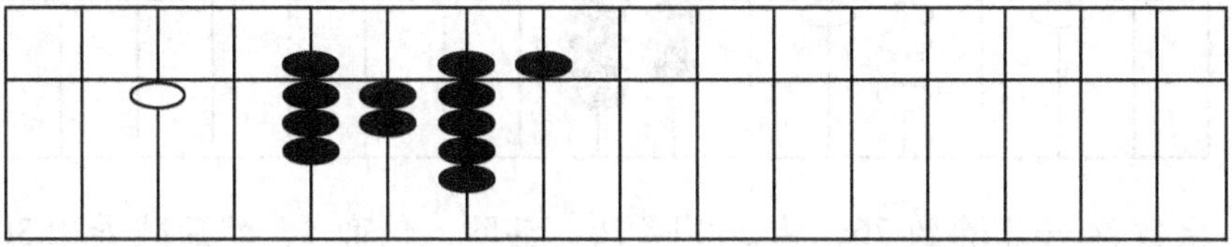

（3）置商。够除隔位置商，在被除数左边隔位上商 1，然后从被除数前两位减乘积“一七 07，一六 06”，得首位商 1，余数为 695；如下图所示：

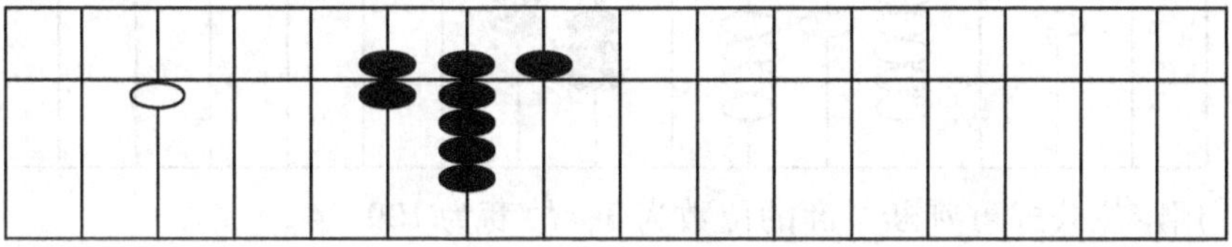

（4）余数首位 6 小于除数首位 7，不够除，将余数 695 除以除数 76，够除，估商 9；如下图所示：

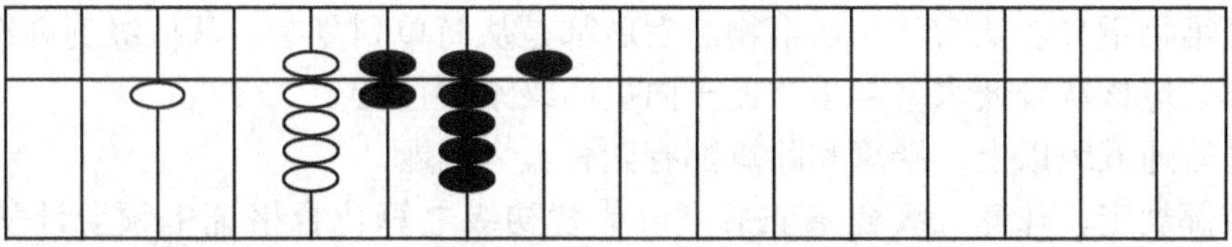

（5）置商。在余数 695 左边挨档上商 9，然后减乘积“九七 63，九六 54”，够除，余数为 11；如下图所示：

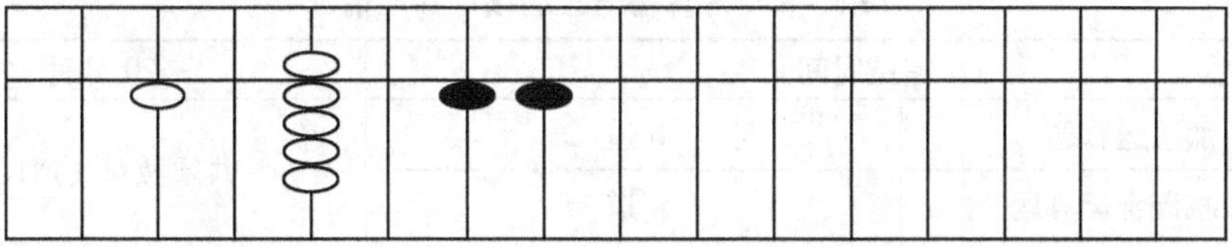

（6）余数 11 小于除数 76，不够除，将余数 110 除以除数 76，估商 1；如下图所示：

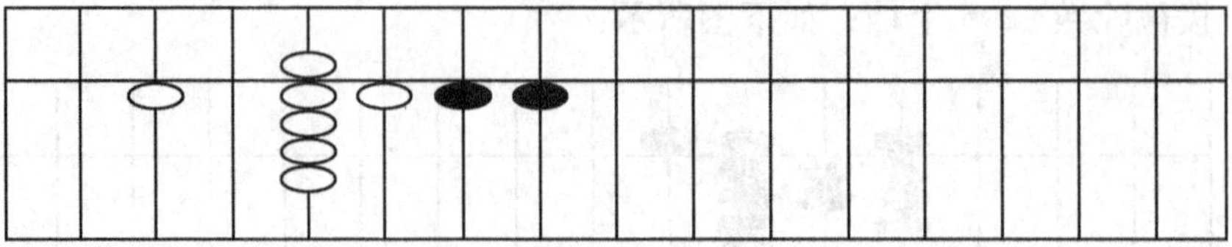

（7）置商。本位不够除，在余数 110 左边挨档上商 1，然后减乘积“一七 07，一六 06”，余 34；如下图所示：

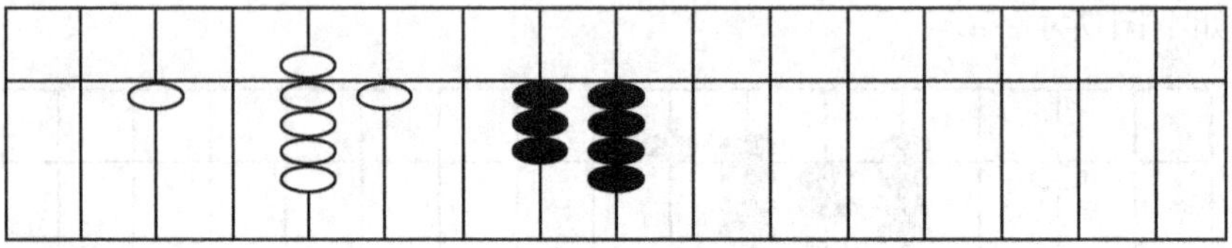

（8）余数 34 小于除数 76，将 340 除 76，够除，估商 4，然后减乘积 304，余 36，36 小于 76 ×0. 5。如下图所示：

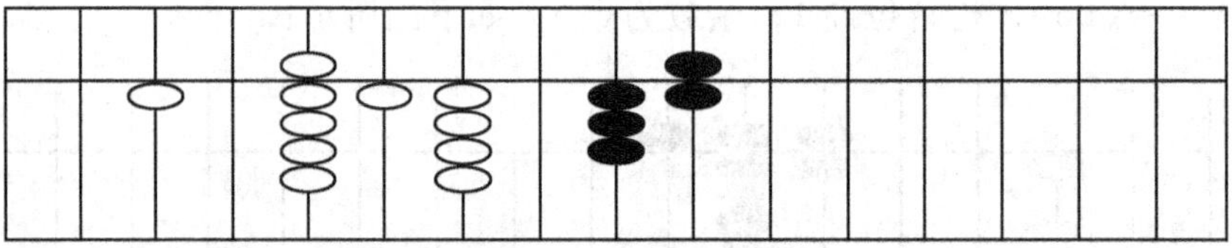

（9）用定位公式可判断，商的位数为 3，故商为 109. 14。

任务六 珠算等级鉴定考试简介

辩证唯物主义者认为，一切事物的发展都是从简单到复杂，从低级到高级。珠算练习也一样，应该从较低水平起步，逐步向更高级水平过渡。

珠算普通五级以上，乘算和除算都有四舍五入的题。

财政部规定，珠算五级合格证书可以代替初级电算化合格证申领会计从业资格证书。珠算普通五级核定标准情况及全国珠算技术等级鉴定模拟题——普通五级见表3－8和表3－9。

表 3－8 珠算普通五级核定标准情况

笔试时间		20 分钟
加法运算题	6 道	共须做对 8 道以上
加减混合运算题	4 道	
乘法题	10 道（须做对 8 道以上）	
除法题	10 道（须做对 8 道以上）	

续上表

考试时间	20 分钟
注：考两篇卷子，共 40 分钟，合格一篇即通过。乘除算保留两位小数，以下四舍五入	

表 3－9 全国珠算技术等级鉴定模拟题——普通五级

一	二	三	四	五	六	七	八	九	十
3 069	481	537	8 097	9 157	3 947	703	234	9 025	1 273
578	562	864	－659	－512	628	1 638	－512	－752	－419
142	7 039	1 209	431	206	105	954	846	846	706
671	614	892	805	－930	571	582	903	903	980
895	453	341	－108	891	8 096	3 097	281	281	7 095
2 083	2 097	6 095	2	5 384	432	461	－306	501	462
3 806	302	156	927	239	509	6 105	8	－194	－6 037
927	9 146	9 423	213	－647	6 283	248	－194	237	－582
154	875	708	9 874	845	761	379	237	4 089	831
438	914	230	－347	741	8 054	894	4 089	－635	－2 358
7 065	328	4 981	－327	3 025	967	207	－6 354	4	724
219	5 706	675	2	－768	312	3 156	516	516	280
731	3 940	248	506	605	574	679	859	859	6 147
604	165	3 510	351	－9 042	206	4 085	－781	－781	653
8 952	287	976	－964	173	9 813	123	1 432	1 432	－194
			6 258	489			670	670	
			409						

乘算		除算	
一	4 206 × 61 =	一	1 302 ÷ 42 =
二	0. 568 × 0. 315 =	二	10 404 ÷ 36 =
三	931 × 63 =	三	36. 557 ÷ 80. 7 =
四	317 × 974 =	四	6 324 ÷ 93 =
五	94 × 7 052 =	五	6 527 ÷ 61 =
六	725 × 49 =	六	14 688 ÷ 408 =
七	36 × 278 =	七	2 652 ÷ 52 =
八	401 × 54 =	八	24 354 ÷ 27 =
九	0. 27 × 0. 602 =	九	1 022 ÷ 14 =
十	59 × 813 =	十	35. 388 ÷ 65. 9 =

任务七 电子计算器盲打技能训练

一、电子计算器基本知识

（一）电子计算器的使用情况

电子计算器是使用范围广泛的计算工具。它体积小、价格便宜、计算方式简单、便于携带。自从电子计算器在我国出现后，使用算盘的人曾经大幅度减少，以致不少人认为电子计算器（机）会彻底取代算盘。只是在电子计算器使用若干年后人们逐步认识到算盘和电子计算器相比，具有一些电子计算器不可比拟的特殊功能，在全世界不少专家提倡下，使用算盘的人数才开始有一定的增加。由于目前使用电子计算器的人数尚比使用算盘的人数多，使用范围广，是人们日常生活中不可缺少的计算工具，因而学习电子计算器的使用技能是很有必要的。

（二）电子计算器的结构和分类

1. 电子计算器的结构

电子计算器一般由显示屏、功能键、内存、运算器四部分组成。显示屏和功能键在计算器的表面。显示屏显示从功能键输入的数据及运算结果，各功能键用来输入计算指令和需要计算的各种数据。内存是计算机存放所输入指令和各种输入、输出数据的仓库。运算器是根据指令对输入数据进行加工和处理的部件。

2. 电子计算器的分类

电子计算器的种类繁多，规格也不够统一。按电子计算器的功能、运算方法可做以下分类：

（1）按照电子计算器功能分类：电子计算器按照功能可分为简单计算器、科学计算器、程序型计算器等。随着科学技术的发展，也可能在以上类型的基础上产生功能更强大的种类。

① 简单计算器。这种计算器功能简单，一般只能做加、减、乘、除四则运算或是做一些百分比换算等简单计算、提供报时等日常生活中需要的功能。它使用范围最广泛，适合会计、统计和一般家庭日常生活使用。

② 科学计算器。科学计算器也叫函数计算器，除了具有简单计算器所具有的功能外，还能做幂、指、对、三角、反三角函数计算，进行复数、阶乘、概率、统计等运算。现在中学里推广的学生用计算器就属于这一种。

③ 程序型计算器。这是近十多年来发展最快的一种个人用高级计算器，它介于电子计算器和电子计算机之间，可以使用部分计算机高级语言编程，以完成一些特殊任务，如逻辑运算、代数方程式甚至微分方程式的求解等。

（2）按照电子计算器运算方法分类：可分为法则运算计算器和顺序运算计算器。

① 法则运算计算器。这类计算器在执行运算指令时，按照数学运算法则进行，比如进行四则运算时遵循的法则是先乘除、后加减，有括号时先算括号里面的。

② 顺序运算计算器。这类计算器是按照操作先后顺序进行的，即先输入的先算，后输入的后算，不是先乘除后加减。如 $1+2\times(3+6)$，按照法则运算结果应该是 19，但按照顺序运算结果是 27。

由于运算方法不同，相同的输入会导致不同的运算结果，所以在使用计算器之前，一定要注意所用计算器的运算方法，以免产生运算错误。特别是某些运算顺序可以事先自行设计的计算器，如某些程序型计算器或经人为改制过的计算器，使用时更得谨慎。

二、电子计算器盲打技能

（一）盲打电子计算器功能键及其使用

盲打，就是打字或用计算器计算的时候不看键盘。盲打是提高速度的方法，使用盲打技术需要对键盘有很好的定位能力。

练习计算器盲打的目的在于提高计算速度。计算器盲打最基本的要领是选用适合盲打的计算器，并设法通过有效练习在头脑中熟悉计算器各键的位置。

电子计算器盲打一般是针对简单型计算器的。适合用于盲打的简单型计算器样式如图 3－6 所示。

图 3－6　适合盲打用计算器

图 3－6 中的计算器按键包括数字键、符号键和功能键，各按键在使用过程中有不同的作用，分别介绍如下：

［AC］：在左下角。清除计算器内存所有内容，按下此键存储器和总存储器内容均被清除。

［0］～［9］：数字键，按键一次，输入一位，输入的顺序是从高位到低位。

［00］：数字键，每按一次输入两个零。

［·］：小数点键，用来输入小数。

［CE］：删除输入按键，按下此键屏幕上输入的数字均被删除。

［→］：退位键，输入数字错误时，可用它消除更正，每按一次清除一个数字。但必须在使用运算符号前使用。

［+/-］：正负号变换键，用来变换显示数的正负号。每按一次，显示数的正负号向相反的方向变换一次。需输入负数时，要先输入正数，再按正负数变换键即可。

［MC］：清除存储器内的内容。

［MR］：调出由［M+］或［M-］键存入的内容。

［M+］或［M-］：分别表示保存所输入数的正值和负值，以便进行累加、累减。同时中断数字输入。

[MU]：按下该键完成利率和税率计算。

[GT]：汇总键，按下此键即自动将输入的一组数字汇总并显示出来。

[%]：百分比键，按此键后屏幕上的数字被转换为百分数。

[√￣]：求一个非负数的算术平方根。

[+][-][×][÷]：运算键，用来进行基本的加、减、乘、除运算。在应用显示结果时，加、减、乘、除键都可代替等号键。

[=]：等号键，显示运算结果。

该计算器显示屏下有一些特殊的设置性质的功能键，如图3-7所示。

这些特殊的键包括[OFF] [↑5/4↓][A0124F][EX][ON/C]，其含义和作用分别介绍如下：

[OFF]关闭键，功能是切断电源。

[↑5/4↓]：四舍五入选择器。

[A0124F]：小数位选择器。

[EX]：数字交换键，作用是交换原相邻操作数的位置，如键入 $a-b$，然后按该键，则 a，b 位置交换，原式变为 $b-a$。

图3-7　计算器功能键

[ON/C]：开启及清除屏幕键。按下此键即接通电源或清除屏幕上的内容。如果在操作过程中按下此键则可以清除记忆外的所有输入。

需要注意的是，有些计算器，如图3-6所示的这种，在连续不用达8分钟后自动关机。因此使用时中途不要过长时间停止运算。

（二）计算器盲打的基本要求

要掌握好计算器盲打技能，需要做好以下几点：

（1）坐姿端正。正确的坐姿是身体保持端正，两脚平放，桌、椅间距离以手指能轻放基本键位为准。两臂自然下垂，两肘轻贴于腋边。手腕平直，击键的力量来自手腕。

养成良好的操作习惯会有事半功倍的效果。

（2）放置合适。计算器的放置没有固定的要求，一般根据操作人员的实际情况，放在感觉最舒适的地方。位置确定好后，不要随便移动。

（3）握笔正确。可以借鉴珠算时握笔的方法。

（4）精力集中。盲打过程中，眼睛是不看键盘的，全靠眼、手、脑协调配合，因此需要注意力高度集中。

（三）计算器盲打的基本方法

1. 盲打时指法

如果是用右手，开机后，主要指法如下：

食指负责："0"、"1"、"4"、"7" 这四个键。

中指负责："00"、"2"、"5"、"8" 这四个键。

无名指负责："·"、"3"、"6"、"9" 这四个键。

小指或无名指负责："+"、"-"、"=" 这三个键。

在击键前后，食指、中指、无名指应分别定位在4、5、6 三个键的上面，这叫做复位。

2. 盲打训练

盲打是要求很高的技能，除了充分熟悉键盘、记准各键的位置外，还要加强各种练习。

（1）初练时可看着键盘，练习几遍后，可试着不看键盘，也可以看着屏幕输入。

（2）练习速度要逐步加快，要坚持，做到每练习一段时间后调整心态，做到比前次进步，决心和毅力不比前次弱。

（3）持之以恒地练习，不达目的不罢休。

盲打训练时用的资料可以借鉴珠算时的资料，特别是珠算中的传票算和账表算，这是练习盲打时可用的非常好的材料。在进行传票算和账表算时，有关的方法和注意事项和珠算传票算、账表算基本相同，主要的差别在于计算器不同。

在盲打训练过程中要注意总结，积累经验，吸取教训及使用计算器发现的需注意事项。

三、借助计算机数字小键盘进行计算器盲打训练

计算机小键盘也叫数字小键盘，数字小键盘位于计算机键盘的右下部分，主要用于数字及相关符号的快速录入，银行职员和财会人员多使用该小键盘。计算机数字小键盘和电子计算器大小、形状、功能键均相似，除了辅助录入数字符号外也可以做计算器使用，因而用来进行计算器盲打训练。其方法如下：

（一）保持数字指示灯亮，调出计算机自带附件中的计算器

在 Office 软件中使用数字小键盘只能实现算式输入，不能进行计算工作。小键盘左上角的 NumLock 键是小键盘的功能转换键。按下该键，指示灯亮，此时可使用小键盘的数字键录入数字；再按一次该键，指示灯灭，数字键就只能作为光标移动键使用。

计算机自带附件中的计算器调出方法为：

（1）点击屏幕左下角"开始"菜单；

（2）将鼠标放在出现的"所有程序"菜单项上，在该菜单项选中后出现的子菜单中选"附件"菜单项；

(3) 在被选中的“附件”菜单项中点击“计算器”项目，就会出现一个可以在屏幕上任意移动的计算器，点击几次就会出现几个相同的计算器。

(二) 用计算机的数字小键盘练习计算器盲打

手指分工负责，具体操作时可根据键盘的特点和个人喜好而定。十指的分工完成后，只要记住各键的位置和各指负责的按键就可以练习盲打了。

数字小键盘上中间的5上有一个标志，用手摸可以感觉到，就像大键盘上的F和J上的标志一样。中指对准5、食指对准4、无名指对准6，然后每个手指控制自己的那一竖排。0用大拇指按。总结起来就是：

食指负责：1，4，7；中指负责：2，5，8；无名指负责：3，6，9。

如果只是练习输入，这就是属于打字的盲打训练，不在计算器的运算盲打范围之内，但因都属于盲打，所以实际上有相辅相成的作用，再者，输入数据后，计算机利用Excel等软件可以进行数据运算等处理，所以实际工作中并不刻意区分。

随着计算机的广泛应用，传票算的小键盘形式，也日益成为各工商企业、金融业处理日常业务的基本方式，用计算机小键盘配合计算机自带计算器进行计算的速度和准确度也成为评判一些从业者，如收银员、储蓄员业务素质高低的标准之一。

注意，由于用一般计算器盲打时眼睛没有看屏幕或键盘，及时检查总是必要的，一般盲打的错误或失误多是由于盲打后没有认真检查造成的。用计算机的数字小键盘结合计算机自带的计算器进行盲打训练，由于输入的内容在屏幕上有显示，所以在输入有误时能很快发现，不必事后检查。相比而言，它既是一种很重要的实务技能，也是比较理想的计算器盲打训练手段。

任务八　翻打银行传票

银行传票是一种会计凭证，是记录经济业务、明确经济责任的重要凭证，也是办理资金收付和登记会计账簿的根据，是核对账务和事后考察的重要依据。

当银行的会计凭证作为记账凭证使用的时候，因为要在银行内部进行传递，因此，又称作“传票”。

翻打传票（图3-8），即用算盘或计算机对一本传票（账簿）上的数字金额进行加减运算。

23

金融系统储蓄翻打凭条

摘　要	千	百	十	万	千	百	十	元	角	分
						5	3	4	0	0

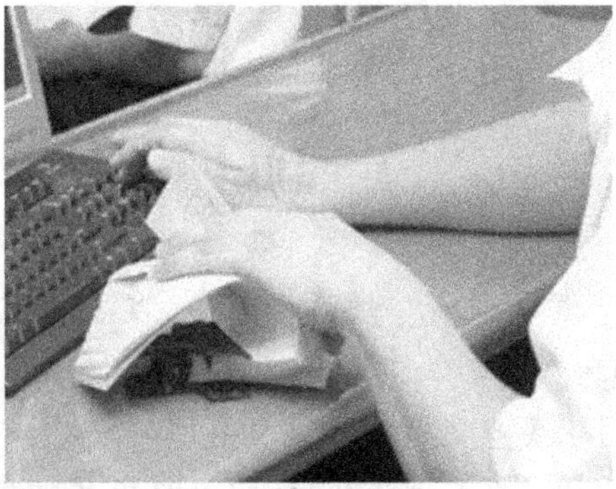

图 3－8　翻打传票

一般来说，翻打传票的具体方法如下：传票整理整齐，用一个小铁夹夹住传票的左上角，起固定作用。将传票本平放桌面，左手拇指点捏传票的右下角，上翻之后由食指挡住传票，同时眼睛看传票上的金额，右手操作计算机，敲入相应的金额进行加减运算。

因此，熟练掌握计算器盲打是快速翻打传票的基础。同时，眼观数字的速度也应该与手打计算器数字速度一致，即眼观看到哪一个数字，计算器就按上哪一个数字。

快速、准确地翻打传票的另一个要领就是拿捏传票的方法。翻打传票最容易出现的问题是一捏传票就会多张，有时会出现少打传票的情况。为避免这种情况，就需要一些技巧：左手大拇指捏着传票左上部分，右手大拇指将传票右下部分往下捏至传票成扇形，再用夹子将传票夹紧。这样，传票每张之间都会有小间隔，会减少捏多张传票的情况。同时，当本页数字打到元位时，心中默记角分位数字，左手利用右手按角分位数字的时候进行翻页，可以提高翻页的速度。

翻打传票不仅考验的是手、眼、脑的技巧，更考验的是各部分的配合。只有勤加练习，才能熟能生巧。

练　习

1. 通过计算器盲打训练，掌握计算器盲打技能。

2. 通过珠算时用过的或另准备的标准传票本及标准账表，按珠算的传票算、账表算比赛规则进行练习。

项目四　数码字书写

【案例导入】

由于民生银行工作人员书写不规范，致使客户开设的账号出错，进而影响了正常的商业活动，客户要求银行赔偿20万元的各项损失，而银行却只愿赔偿2000元，双方各执己见，互不相让。2008年7月16日，记者得知这一线索后，随即进行采访。

事情的发生得从2007年11月12日说起，当天上午，福州的陈先生来到民生银行福州东街支行柜台前，准备为新设公司开立验资账户。在银行提供的《开立单位银行结算账户申请书》中，工作人员在账号一栏填写了"150301"一组账号，但陈先生指出数字并不清晰，要求工作人员在边上重新写一遍，于是工作人员又手写了这一组账号。据此，陈先生先后两次将10万元人民币打入验资账户，并盖章确认。第二天，会计师前往银行办理验资手续时，突然发现出资人票据账号"180301"与银行所开的公司账户"150301"不符，一个是15开头，一个是18开头。两者间仅仅一个数字不一致，但却有天壤之别，账号开头的"15"代表开户行是在福州，而"18"代表的开户行是在深圳。由于数字的不一致，陈先生的验资无法通过，公司注册被迫中止。这让陈先生感到十分不解，问题到底出在哪呢？

经过核实，原来，银行工作人员在应陈先生要求重写"150301"一组账号时，由于手写不规范，将"5"写得与"8"极为相像，陈先生在缴款时就按8填写。但不可思议的是，这一账号在经银行其他多个部门人员审核时，居然也没有人能发现问题。陈先生前后两笔款项共10万元竟然误打误撞被存进一个并不存在的账户中。此后，民生银行意识到问题的严重性，赶紧停止错误账号的使用，将10万元退还给陈先生。而在退款过程中，由于牵涉到其他银行，颇费了一番周折。陈先生告诉记者，事情发生后，他前前后后在不同银行间跑了好几趟，已经谈妥的项目也因此耽搁下来，而如果能在计划时间内正常开户他至少可以挣到20万元的利润。

陈先生认为，正是银行方面工作的失误和管理上的漏洞，才导致这一事件的发生。他要求银行方面按相关规定赔偿所造成的损失共计20万元。民生银行福州分行办公室一位工作人员在接受记者采访时表示，银行方面的确存在失误，但由于与客户在具体赔偿标准上无法达成一致，这件事直到现在仍无法解决。在一份由民生银行回复给陈先生的函件中，银行表示，在提供相关证明材料后，可视情况补偿其适当的费用如车费、电信通话费、利息损失等，而其他赔偿则缺乏依据。

福建大中律师事务所王进章律师认为，从整个事件发生的过程来分析，银行要承担一定的责任，而且银行工作人员的失误也比较明显，因此对于客户的实际损失应酌情作出赔偿，其他如预期的项目利润损失属于间接损失，当事人可以提供相关证明，或者提供为避免损失扩大而发生的实际支出证明。记者想就事件责任的认定以及银行管理是否存在漏洞等方面向民生银行福州分行求证，但民生银行并未给予答复。陈先生表示，民生银行在处理事情过程中态度非常不好，导致此事发生半年多仍无法顺利解决，他对于一个金融机构所出现的这种“低级”错误表示不可思议，希望民生银行能以此为鉴，避免出现类似错误。

任务一　阿拉伯数字书写

阿拉伯数字也称“公用数字”，原为印度人创造，8 世纪传入阿拉伯，后又传入欧洲。它字数少、笔画简单，是世界各国的通用数字。正确、规范和流利地书写阿拉伯数字，是会计人员应掌握的基本功，加强数码字的训练，有助于提高会计人员的业务素质。会计记账过程中书写的阿拉伯数字，同数学或汉文字学中的书写方法并不一致，也不尽相同。从字体上讲，既不能把这些数码字写成刻板的印刷体，也不能把它们写成不易辨认的草字体，更不能为追求形式把它们写成美术体。

一、标准写法示范

阿拉伯数字的书写有印刷体和手写体两种。手写体原本是根据人们的习惯和爱好写出的，后随着经济的发展，人们对书写阿拉伯数字的总结，逐步形成了一种财会工作通用的字体，形成会计数字的书写格式。

印刷体的参考字体：1　2　3　4　5　6　7　8　9　0

阿拉伯数字标准手写体参考字体见图 4－1。

图 4－1　阿拉伯数字标准手写体

二、标准写法要求

（1）每个数字要大小匀称，笔画流畅；每个数码独立有形，使人一目了然，不能连笔书写。

（2）书写排列有序且字体要自右上方向左下方倾斜地写，数字与底线通常成 60°的倾斜。

（3）书写的每个数字要贴紧底线，但上不可顶格。一般每个格内数字占1/2或2/3的位置，要为更正数字留有余地。

（4）会计数码字书写时，应从左至右，笔画顺序是自上而下，先左后右，防止写倒笔字。

（5）同行的相邻数字之间要空出半个阿拉伯数字的位置，但也不可预留间隔（以不能增加数字为好）。

（6）除“4”、“5”以外数字，必须一笔写成，不能人为地增加数字的笔画。

（7）“6”字要比一般数字向右上方长出1/4，“7”和“9”字要向左下方（过底线）长出1/4。“4”的两竖要平行。

（8）对于易混淆且笔顺相近的数字，在书写时，尽可能地按标准字体书写，区分笔顺，避免混同，以防涂改。例如：“1”不可写得过短，要保持倾斜度，将格子占满，这样可防止改写为“4”、“6”、“7”、“9”；书写“6”时要顶满格子，下圆要明显，以防止改写为“8”；“7”、“9”两字的落笔可延伸到底线下面；“6”、“8”、“9”、“0”的圆必须封口。

任务二　汉字大写数字书写

在会计工作中，经常要使用中文汉字大写数字，汉字大写数字与我们日常书写习惯基本相同，但仍然要符合会计书写规范要求。其标准写法要求如下：

（1）汉字大写数字要以正楷或行书字体书写，不得连笔写。

（2）不允许使用未经国务院公布的简化字或谐音字。大写数字一律用“壹、贰、叁、肆、伍、陆、柒、捌、玖、拾、佰、仟、万、元、角、分、零、整（正）”等。不得用一、二（两）、三、四、五、六、七、八、九、十、廿、毛、另（或0）等代替。

（3）字体要各自成形，大小匀称，排列整齐，字迹要工整、清晰。

大写数字参考字体：

壹	贰	叁	肆	伍	陆	柒	捌	玖	零	拾	佰	仟	万	元	角	分

任务三　金额书写

一、大写金额的标准写法要求

（1）大写金额要紧靠“人民币”三字书写，不得留有空白，如果大写数字前没有印好“人民币”字样的，应加填“人民币”三字。

（2）大写金额数字到“元”或“角”的，在“元”或“角”后应写“整”字；大写金额有“分”的，“分”后面不写“整”字。如：¥13000.00，应写为：人民币壹万叁仟元整；再如：¥47651.80，可写为：人民币肆万柒仟陆佰伍拾壹元捌角整，而¥492.56应写为：人民币肆佰玖拾贰元伍角陆分。

（3）分位是“0”可不写“零分”字样，如：¥1.60，应写为：人民币壹元陆角整。

（4）阿拉伯金额数字中间有“0”时，汉字大写金额要写“零”字。如：¥1408.50，应写为：人民币壹仟肆佰零捌元伍角整。

（5）阿拉伯金额数字元位是“0”的，或者数字中间连续有几个“0”，元位也是“0”，但角位不是“0”时，汉字大写金额可以只写一个零字，也可以不写“零”字。如：¥1580.32，汉字大写金额应写为：人民币壹仟伍佰捌拾元零叁角贰分，或者写为：人民币壹仟伍佰捌拾元叁角贰分；又如，¥97000.53，汉字大写金额应写为：人民币玖万柒仟元零伍角叁分，或者写成：人民币玖万柒仟元伍角叁分。

（6）阿拉伯金额数字角位是“0”，而分位不是“0”时，汉字大写金额“元”后面应写“零”字。如：¥6409.03，汉字大写金额应写成：人民币陆仟肆佰零玖元零叁分，又如¥323.04，汉字大写金额应写成：人民币叁佰贰拾叁元零肆分。

（7）阿拉伯金额数字最高是“1”的，汉字大写金额加写“壹”字，如，¥15.80，汉字大写金额应写成：人民币壹拾伍元捌角整；又如，¥135800.00，汉字大写金额应写成：人民币壹拾叁万伍仟捌佰元整。

（8）在印有大写金额万、仟、佰、拾、元、角、分位置的凭证上书写大写金额时，金额前面如有空位，可划“×”注销，阿拉伯金额数字中间有几个“0”（含分位），汉字大写金额就写几个“零”字。如，¥100.50，汉字大写金额应写成：人民币×万×仟壹佰零拾零元伍角零分。

二、小写金额的标准写法

1. 没有数位分割线的凭证、账、表上小写金额的标准写法

（1）阿拉伯金额数字前面应当书写货币币种符号或者货币名称简写，币种符号和阿拉伯数字之间不得留有空白。凡阿拉伯数字前写出币种符号的，数字后面不再写货币单位。

（2）以元为单位的阿拉伯数字，除表示单价等情况外，一律写到角分；没有角分的角位和分位可写出“00”或者“－”；有角无分的，分位应当写出“0”，不得用“－”代替。

（3）只有分位金额的，在元和角位上各写一个“0”字并在元与角之间点一个小数点，如，“¥0.06”。

（4）元以上每三位要空出半个阿拉伯数字的位置书写，如，¥6 547 109.82。也可以三位一节用“分位号”分开，如，¥6,547,109.82。

2. 有数位分割线的凭证、账、表上的小写金额标准写法

（1）对应固定的位数填写，不得错位。

（2）只有分位金额的，在元和角位上均不得写“0”字。

（3）只有角位或角分位金额的，在元位上不写“0”字。

（4）分位是“0”的，在分位上写“0”，角分位都是“0”的，在角分位上各写一个“0”字。

大小写金额书写对比见表4－1。

图4－1　大小写金额书写对比表

会计凭证、账、表上的小写金额								原始凭证上的大写金额栏
没有数位分割线	有数位分割线							
	万	千	百	十	元	角	分	
¥0.08						¥	8	人民币捌分
¥2.00				¥	2	0	0	人民币贰元整
¥17.08			¥	1	7	0	8	人民币壹拾柒元零捌分
¥4 020.70	¥	4	0	2	0	7	0	人民币肆仟零贰拾元柒角整
¥17.08			¥	1	7	0	8	人民币×万×仟×佰壹拾柒元零角捌分
¥630.06		¥	6	3	0	0	6	人民币×万×仟陆佰叁拾零元零角陆分
¥15 006.09	1	5	0	0	6	0	9	人民币壹万伍仟零佰零拾陆元零角玖分
¥13 000.40	1	3	0	0	0	4	0	人民币壹万叁仟零佰零拾零元肆角零分

练　习

1. 阿拉伯数字书写练习

请按阿拉伯数字标准手写体字体练习。

阿拉伯数字书写练习用纸

年		凭证号数	摘　要	借方金额									贷方金额									借或贷	余　额								
月	日			百	十	万	千	百	十	元	角	分	百	十	万	千	百	十	元	角	分		百	十	万	千	百	十	元	角	分

2. 汉字大写数字书写练习

请按标准写法练习。

3. 大写金额练习，根据下列小写金额写出大写金额

(1) ¥13.50　　(2) ¥356.87

(3) ¥4 609.20　　(4) ¥23 148

(5) ¥8 006.52　　(6) ¥47 200.09

(7) ¥603 287.51　　(8) ¥7 000 392

4. 小写金额练习，根据下列大写金额写出小写金额

(1) 人民币柒分

(2) 人民币壹拾元整

(3) 人民币伍元伍角整

(4) 人民币捌角陆分

(5) 人民币壹仟肆佰零叁元柒角整

项目五　输入法

【案例导入】

目前，到银行办理业务排队现象比较严重，已经引起了社会各方的关注。银行柜员办理业务速度慢是造成排队现象的一个重要因素。让客户排上一两个小时的队，才能为他办业务，这是优质服务吗？优质服务就需要柜员苦练技能，提高速度。柜员技能练习包括：打字速度、数字小键盘、点钞、柜面操作、业务知识。在银行的柜员业务考核中，有一项就是考查打字速度，而且要求必须用五笔打字法。一般30岁以上的员工会使用五笔输入法，但是年青人大多只会拼音输入，打字速度快慢往往成为刚刚毕业的大学生能否从事银行柜台工作的一个关键因素。你都会哪些输入法呢？你的打字速度如何？

任务一　键盘录入实训

一、键盘录入姿势

（1）上身挺直肩膀放平，可微向前倾。胸部与键盘的距离为10厘米左右，两脚平放地上，切勿交叉或单脚立地。

（2）手腕及肘部成一直线，手指弯曲自然，前臂和后臂夹角略小于90°。

（3）将显示器调至适当位置，视线注视在屏幕上，尽量不要看键盘，以免过多移动视线增加眼睛疲劳。

（4）桌椅高度以舒适为准。

正确的键盘录入姿势见图5－1。

图5－1　键盘录入姿势

二、键盘指法训练

在敲击键盘时应注意：手指弯曲要自然，手臂不可张开太大；手指击键要正确，击键有适当力度，击键之后要立即回到基准键上；空格键用大拇指负责击打；击键有节奏，速度均匀，初学时尽量慢一点，关键是要用正确的指法。

（一）手指分工

基准键位于键盘的第二行，分别为“A”、“S”、“D”、“F”、“J”、“K”、“L”、“;”八个键。将左手小指、无名指、中指、食指分别置于“ASDF”键上，左手拇指自然向掌心弯曲；将右手食指、中指、无名指、小指分别置于“JKL;”键上，右手拇指轻置于空格键上。输入过程中手指始终应置于基准键上。正确的手指摆放见图 5－2。

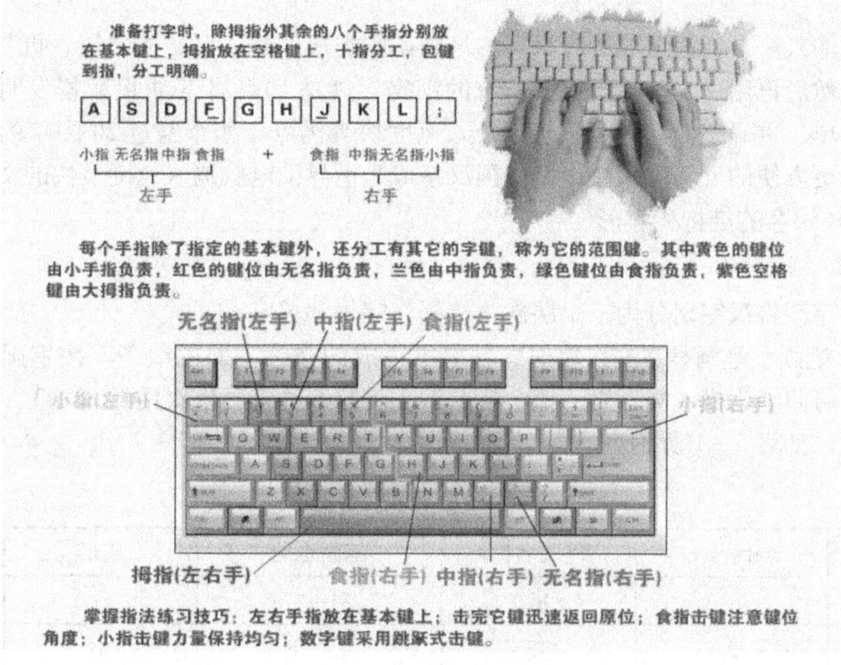

图 5－2　手指分工

（二）击键要点

手腕要平直，手臂要保持静止，全部动作仅限于手指部分。

手指要保持弯曲，稍微拱起，指尖后的第一关节微成弧形，分别轻放在字键的中央。

输入时手抬起，只有要击键的手指才可伸出击键，击毕立即缩回到基准键位，不可停留在已击的键上。

输入过程中，要用相同的节拍轻轻地击键，不可用力过猛。

常用特殊键的击法：空格，右手大拇指横着向下一击并立即回归，每击一次输入一个空格。

回车键，右手小指击一次 Enter 键，击后右手小指略弯曲迅速回原基准键位。

右侧小键盘各键由右手管理。纯数字输入或编辑时，右手食指、中指、无名指应分别轻放在 4、5、6 数字键上，即把这 3 个键作为 3 个手指的原位键。而小指负责加减号，击上下排键时，相应手指上伸或下缩。

任务二 常用输入法介绍

一、五笔输入法

五笔输入法是指把组成所有汉字的笔画都归类成“横、竖、撇、捺、折”5个基本的笔画，然后再用这5种笔画组成所有的汉字，这是1984年王永民教授发明的。它具有学习简单、重码率低、适合盲打、录入速度快等优点。如今经过20多年的演变，出现了更多更方便的五笔输入法，使中国汉字成为世界上电脑输入速度最快的文字。

（一）汉字的结构和字形

1. 汉字的结构

五笔字型将汉字划分为三个层次：笔画、字根和单字。

（1）笔画。笔画是在写汉字时，一次书写成的连续不断的线条。按笔画的运笔方向，汉字可归纳为横、竖、撇、捺、折5种。将这5种笔画依次用1、2、3、4、5作为笔画代号，如表5-1所示。

表5-1　五笔字型笔画

代号	笔画名称	笔画走向	笔形
1	横	左→右	一
2	竖	上→下	丨
3	撇	右上→左下	丿
4	捺	左上→右下	丶
5	折	带转折	乙

（2）字根。字根是由若干笔画交叉连接形成的相对不变的结构。大多数字根都是汉语字典中的部首图形，在五笔字型编码方案中，大约选取了130种字根作为组字的基本单元，称之为字根。

汉字是由一个或多个字根组成的。字根之间的位置关系反映了汉字的整体结构，字根之间的位置关系有单、散、连、交4种。

单：指汉字由一个基本字根构成。例如：“一、子、言”等。

散：指构成汉字的基本字根之间保持一定的距离，分散组合而成。例如：“和、横、能”这些字是由两个或以上的字根分散组成的。

连：指单笔画字根与基本字根相连而构成的汉字。例如“生、千、万”等。

交：指构成汉字的基本字根之间是交叉重叠在一起的。例如："成、应、里"等。

2. 汉字的字形

汉字的字形可分为左右型、上下型和杂合型3类。

左右型：汉字存在明显的左、右或者是左、中、右结构，字根之间有一定的左右距离。例如"位、根、和、据"等。

上下型：汉字存在明显的上、下或者是上、中、下结构，字根具有一定的上下距离。例如"笔、型、字、罢"等。

杂合型：汉字在结构上没有明显的左右或上下型关系。例如"天、本、力、为"等。

（二）五笔字根

五笔字型选取了组字能力强、使用频度高的130个汉字图形部件作为基本字根，所有的汉字都可以拆分成这些字根。学习五笔输入法第一步要先学习五笔字根表，学好了字根，再学习五笔就很简单了。

用五笔字型能否正确输入汉字的难点就是要记住五笔字型字根和它们的编码，这是学习五笔字型的关键所在。在学习中要注意理解记忆，为了便于记忆，五笔字型给出了传统的五笔字型字根助记词。

1. 五笔字型字根助记词

11　王旁青头戋五一；12　土士二干十寸雨；13　大犬三羊古石厂；14　木丁西；15　工戈草头右框七。

21　目具上止卜虎皮；22　日早两竖与虫依；23　口与川，字根稀；24　田甲方框四车力；25　山由贝，下框几。

31　禾竹一撇双人立，反文条头共三一；32　白手看头三二斤；33　月衫乃用家衣底；34　人和八，三四里；35　金勺缺点无尾鱼，犬旁留乂儿一点夕，氏无七。

41　言文方广在四一，高头一捺谁人去；42　立辛两点六门病；43　水旁兴头小倒立；44　火业头，四点米；45　之宝盖，摘礻（示）衤（衣）。

51　已半巳满不出己，左框折尸心和羽；52　子耳了也框向上；53　女刀九臼山朝西；54　又巴马，丢矢矣；55　慈母无心弓和匕，幼无力。

2. 字根键盘分布

按五笔字型的分区划位规则，把130个字根分配到键盘上，就构成了五笔字型字根键盘。键盘对应于字根的区位也划分为五大区，每一区分为五位，用A到X（除Z键）25个键位。1区为横区，1～5位的键位分别是GFDSA；2区为竖区，1～5位的键位分别是HJKLM；3区为撇区，1～5位的键位分别是TREWQ；4区为捺区，1～5位的键位分别是YUIOP；5区为折区，1～5的键位分别是NBVCX。具体分布见图5-3。

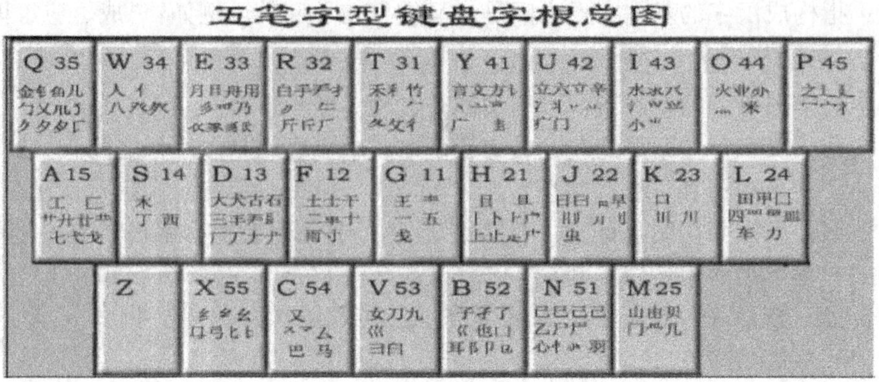

图 5－3　五笔字型键盘字根总图

（三）简码汉字的录入

为了提高汉字的录入速度，五笔字型录入中设计了简码录入方法，就是对部分常用汉字可以通过取其前一码、前两码或者前三码等，再加上打空格键就可以完成汉字的录入。这样就减少了点击键盘的次数，同时省去了“识别码”的判别和编码，从而提高了打字的速度。简码可分为一级简码、二级简码和三级简码。

1. 一级简码

一级简码是对 11 到 55 这 25 个键位，每键安排一个最常用的高频汉字，输入一级简码的方法是：击一次简码字所在的键，击键后再点击空格键就可以输入该汉字。

一级简码基本上都含有所在键上的字根，如“中”在“K”键位上，有“口”这个字根。只有“我、为”两个高频字没有所在键上的字根，需要单独记忆。一级简码汉字的编码如表 5－2 所示。

表 5－2　一级简码表

一 11（G）	地 12（F）	在 13（D）	要 14（S）	工 15（A）
上 21（H）	是 22（J）	中 23（K）	国 24（L）	同 25（M）
和 31（T）	的 32（R）	有 33（E）	人 34（W）	我 35（Q）
主 41（Y）	产 42（U）	不 43（I）	为 44（O）	这 45（P）
民 51（N）	了 52（B）	发 53（V）	以 54（C）	经 55（X）

2. 二级简码

二级简码是由单字全码的前两个代码再加上一个空格键组成。输入二级简码的方法是：在录入时输入前两个编码，然后再加上空格键。二级简码汉字的编码见表 5－3。

表 5-3　二级简码表

区号	位号	横　位	竖　位	撇　位	捺　位	折　位
		GFDSA	HJKLM	TREWQ	YUIOP	NBVCX
横区	G	五于天末开	下理事画现	玫珠表珍列	玉平不来珲	与屯妻到互
	F	二寺城霜载	直进吉协南	才垢圾夫无	坟增示赤过	志地雪支坶
	D	三夺大厅左	丰百右历面	帮原胡春克	太磁砂灰达	成顾肆友龙
	S	本村枯林械	相查可楞机	格析极检构	术样档杰棕	杨李要权楷
	A	七革基苛式	牙划或功贡	攻匠菜共区	芳燕东蒌芝	世节切芭药
竖区	H	睛睦睚盯虎	止旧占卤贞	睡睥肯具餐	眩瞳步眯瞎	卢　眼皮此
	J	量时晨果虹	早昌蝇曙遇	昨蝗明蛤晚	景暗晃显晕	电最归紧昆
	K	呈叶顺呆呀	中虽吕另员	呼听吸只史	嘛啼吵咪喧	叫啊哪吧哟
	L	车轩因困轼	四辊加男轴	力斩胃办罗	罚较　辚边	思团轨轻累
	M	同财央朵曲	由则迥崭册	几贩骨内风	凡赠峭嵝迪	岂邮　凤嶷
撇区	T	生行知条长	处得各务向	笔物秀答称	入科秒秋管	秘季委么第
	R	后持拓打找	年提扣押抽	手折扔失换	扩拉朱搂近	所报扫反批
	E	且肝须采肛	鼐胆肿肋肌	用遥朋脸胸	及胶膛脒爱	甩服妥肥脂
	W	全会估休代	个介保佃仙	作伯仍从你	信们偿伙伫	亿他分公化
	Q	钱针然钉氏	外旬名甸负	儿铁角欠多	久匀乐炙锭	包凶争色锴
捺区	Y	主计庆订度	让刘训为高	放诉衣认义	方说就变这	记离良充率
	U	闰半关亲并	站间部曾商	产瓣前闪交	六立冰普帝	决闻妆冯北
	I	汪法尖洒江	小浊澡渐没	少泊肖兴光	注洋水淡学	沁池当汉涨
	O	业灶类灯煤	粘烛炽烟灿	烽煌粗粉炮	米料炒炎迷	断籽娄烃糨
	P	定守害宁宽	寂审宫军宙	客宾家空宛	社实宵灾之	官字安　它
折区	N	怀导居怵民	收慢避惭届	必怕　愉懈	心习悄屡忱	忆敢恨怪尼
	B	卫际承阿陈	耻阳职阵出	降孤阴队隐	防联孙耿辽	也子限取陛
	V	姨寻姑杂毁	叟旭如舅妯	九姝奶妗婚	妨嫌录灵巡	刀好妇妈姆
	C	骊对参骠戏	骒台劝观	矣牟能难允	驻骈　　驼	马邓艰双
	X	线结顷缃红	引旨强细纲	张绵级给约	纺弱纱继综	纪弛绿经比

3. 三级简码

三级简码是由单字的前三个字根组成的，只要一个汉字的前三个字根码在整个编码体系中是唯一的，一般都可以使用三级简码输入。三级简码的输入方法是：依次输入该汉字的前三个代码，再按空格键。例如：输入“论”字，先分别输入 Y、W 和 X 键，然后再按空格键即可。在汉字中，三级简码一共有 4400 多个。

此类简码输入汉字时，由于省略了对前三个字根之后字根或识别码的判定，所以相对来说提高了汉字的输入速度。

4. 全码

（1）四个或四个以上字根的汉字，打法 = 第一字根 + 第二字根 + 第三字根 + 末字根，如“命” = “人” + “一” + “口” + “卩”。注意不能再加空格。

（2）只有三个字根的汉字，打法 = 第一字根 + 第二字根 + 第三字根 + 末笔识别码。如“诵” = “讠” + “厶” + “用” + “H - 21”。

（3）四级成字字根，打法 = 字根键 + 字根第一笔 + 字根第二笔 + 字根末笔，如“干” = “干” + “一” + “一” + “丨”。（注意不是末字根，也不是末笔识别码）。

（4）四级键名汉字，打法 = 键名键 + 键名键 + 键名键 + 键名键，如“土” = “土” + “土” + “土” + “土”。

5. 词组的打法

二字词 = 首字第一字根 + 首字第二字根 + 第二字第一字根 + 第二字第二字根。如“明天” = “日” + “月” + “一” + “大”。“我们” = “丿” + “扌” + “亻” + “门”。（注意：“我”字是一级简码，打词组时不能按一级简码打，而要按“第一字根” + “第二字根”的打法，其他一级简码如“发”“为”字等类推，“发现” = 乙 + 丿 + 王 + 见，其他多字词同样如此）。

三字词 = 首字第一字根 + 第二字第一字根 + 第三字第一字根 + 第三字第二字根，如“计算机” = “讠” + “竹” + “木” + “几”。

四字词 = 按顺序打每个字的第一个字根，如“民主党派” = “乙” + “丶” + “⺌” + “氵”。

多字词 = 按顺序打前三个字的第一个字根 + 最后一个字的第一字根，如“中华人民共和国” = “口” + “亻” + “人” + “囗”。

6. 末笔识别码

当一个字拆不够 4 个码元时，它的输入编码是：先打完码元码，再追加一个“末笔字型识别码”，简称“识别码”。

“识别码”是由“末笔”代号加“字型”代号而构成的一个附加码。由于教不得法，以前许多人对“识别码”望而生畏。其实，按如下做法，你只要 5 分钟定能学会：

“1”型（左右型）字：码元打完之后，补打 1 个末笔画即等同于加了“识别码”。例：沐：氵木丶（“丶”为末笔，补 1 个“丶”），汀：氵丁丨（“丨”为末笔，补 1 个“丨”），洒：氵西一（“一”为末笔，补 1 个“一”）。

“2”型（上下型）字：码元打完之后，补打由2个末笔画复合构成的“码元”即等同于加了“识别码”。例：字：宀子二（末笔为“一”，2型，补打“二”作为“识别码”）。

“3”型（杂合型）字：码元打完之后，补打由3个末笔画复合而成的“码元”即等同于加了“识别码”。例：同：冂一口三（末笔为“一”，3型，补打“三”作为“识别码”），国：囗王丶氵（末笔为“丶”，3型，补打“氵”作为“识别码”）。

至于为什么这些“笔画”可以起到“识别码”的作用，你只要仔细研究一下区位号的设计与“识别码”的定义便会恍然大悟。

（四）怎么学好五笔打字法

（1）背字根、熟记码元表：字根是五笔字型录入汉字的灵魂，字根掌握的熟练程度是影响录入速度的重要因素之一。另外，“五笔字型”编码的关键是熟记码元表。而熟记码元表的关键是多做书面的拆分编码练习。你甚至不摸一下电脑，也可以把“五笔字型”编码法学得很好。如果你做了500个常用字的拆分编码，25个键位的码元表自然很熟了。这如同你背25个人的名单很吃力，但只要跟25个人在一起交谈一个小时，你就能把人与名字对起来一样。

（2）指法训练：学会全部汉字的“五笔字型”编码，要靠不断的指法练习。

二、智能 ABC

智能ABC输入法（又称标准输入法）是中文Windows3.2和Windows95/98中自带的一种汉字输入方法，由北京大学的朱守涛先生发明。它简单易学、快速灵活，受到用户的青睐。但是在日常使用中，许多用户并没有真正掌握这种输入法，而仅仅是将其作为拼音输入法的翻版来使用，使其强大的功能与便利远未能得到充分的发挥。使用智能ABC输入法有很多技巧，现总结如下。

（一）u——强制记忆词条输入

强制记忆，一般用来定义那些较长或较常用的词组。利用该功能，可以直接把新词加到用户库中。方法如下：

（1）打开智能ABC，出现了智能ABC输入法状态（如果输入法状态的框未出现，可以用以下方法：左键单击智能ABC输入法的笔形图标，出现一个菜单，将“显示输入法”打钩选中）。

（2）鼠标移至输入法状态的框上，单击右键，出现一个菜单，选中“定义新词”。

（3）举例来讲，在“定义新词”对话框中的“新词”处输入“软件世界杂志社”，在外码处输入rj，按“添加”键，如果成功，新词就会出现在“新词一览表”中，最后按“关闭”键（注意：外码最好简单一些，容易记忆。如本文中的rj，就是“软件世界杂志社”ruanjian的拼音简称）。

（4）在以后的使用过程中，只要键入urj，就会出现“软件世界杂志社”这几个字。

注意：

（1）u 是控制强制记忆的开关，实际中并不会显示出来。

（2）定义新词时，必须输入词条内容和外码两部分。新词处输入词条的内容，可以是汉字、词组或短语，也可以由汉字和其他的字符组成；外码处输入可以是汉语拼音、外来语原文或者是使用者所喜欢的任意标记。

（3）允许定义的非标准词最大长度为 15 个字，输入码最大长度为 9 个字符；最大词条容量为 400 条。

（4）可以一次加入多个词条。特别是一些地名或是你的同学、同事的名字，或是你家的地址甚至电话号码，用强制记忆的方法将大大加快这些字的输入速度。

（5）要删除所定义的词的方法：把光标移动到“新词一览表”中，选中需要删除的词条后，按下“删除”按钮，再按“关闭”。

（二）v——中文输入过程中的英文输入

（1）输入中文文章时，如果其中有英文单词，不必切换到英文方式。键入“v”作为标志符，后面跟随要输入的英文，按空格键即可，英文字母就会出现，“v”本身并不会出现。

（2）例如，在输入过程中希望输入英文“sun”则只要输入“vsun”，再按空格键即可。

（3）在这种方法中，直接输入大写字母无效，如果输入“vSun”（此时的 S 用［Shift］+［s］键来控制），则还是显示 sun。建议先不要管英文字母的大小写，到最后全部输入完后，再用 Word 自带的更改大小写即可（在“格式”菜单中的“更改大小写”选项）。这个方法适合单个英文较多时用。也可以先用［CapsLock］键控制输入“S”，再输入“vun”，则显示 Sun，这个方法适合英文字母较少时用。

（三）i、I——中文数字的简化输入法

（1）智能 ABC 提供阿拉伯数字和中文大小写数字的转换能力。“i”为输入小写中文数字的前导字符。“I”为输入大写中文数字的前导字符（注意此时的 I 用［Shift］+［i］键来控制）。

（2）方法：输入“i1”，按空格（或回车键），将显示“一”；依次类推输入“i2000”，按空格，将显示“二〇〇〇”。

输入“I1”，按空格（或回车键），将显示“壹”；依此类推“I2000”，按空格，将显示“贰零零零”。

（3）对一些常用量词也可简化输入，输入“ig”，按空格（或回车键），将显示“个”；系统规定数字输入中字母的含义为：g［个］、s［十，拾］、b［百，佰］、q［千，仟］、w［万］、e［亿］、z［兆］、d［第］、n［年］、y［月］、r［日］、t［吨］、k［克］、$［元］、h［时］、f［分］、l［里］、m［米］、j［斤］、o［度］、p［磅］、

u［微］、i［毫］、a［秒］、c［厘］、x［升］。

说明：26个英文字母中，输入“i” +除“v”字母外的其余字母，都有相应的中文量词可以得到。

（四）朦胧回忆［Ctrl］ +［－］键

对于刚刚用过不久的词条，可以使用最简单的办法依据不完整的信息进行回忆，这个过程称为朦胧回忆。朦胧回忆的功能通过［Ctrl］ +［－］键完成。

用法：

（1）如果你刚才输入了“教师”、“教学”、“教课”、“教育”，你现在又想输入“教师”，则只要输入“js”然后按［Ctrl］ +［－］键，则刚才输入过的“教师”又会出现了。朦胧回忆在输入内容较为单一、输入内容频繁重复等情况下使用非常有效。

（2）如果要重复刚刚输入过的词，只需要连续按两次［Ctrl］ +［－］键即可。第一次起“朦胧回忆”的作用，第二次起恢复现场的作用。如：刚用智能ABC输入过“软件世界”，只需要连续按两次［Ctrl］ +［－］键，再按空格键，就会显示“软件世界”。

三、搜狗拼音输入法

搜狗拼音输入法是2006年6月由搜狐公司推出的一款汉字拼音输入法。这是一款免费提供下载使用的软件。用户可以通过互联网备份自己的个性化词库和配置信息。

（一）主要特色

网络新词：搜狐公司将此作为搜狗拼音最大优势之一。鉴于搜狐公司同时开发搜索引擎的优势，搜狐声称在软件开发过程中分析了40亿网页，将字、词组按照使用频率重新排列。在官方首页上还有搜狐制作的同类产品首选字准确率对比。

快速更新：不同于许多输入法依靠升级来更新词库的办法，搜狗拼音采用不定时在线更新的办法。这减少了用户自己造词的时间。

整合符号：这一项同类产品中也有做到，如拼音加加。但搜狗拼音将许多符号表情也整合进词库，如输入“haha”得到“^_^”。另外还有提供一些用户自定义的缩写，如输入“QQ”，则显示“我的QQ号是××××××”等。

笔画输入：输入时以“u”做引导可以用“h”（横）、“s”（竖）、“p”（撇）、“n”（捺）、“d”（点）、“t”（提）笔画结构输入字符。

输入统计：搜狗拼音提供一个统计用户输入字数，打字速度的功能。但每次更新都会清零。

输入法登陆：可以使用输入法登陆功能登陆搜狗、搜狐、chinaren、17173等网站。

个性输入：用户可以选择多种精彩皮肤，更有每天自动更换一款的〈皮肤系列〉功能。

（二）相关网站

搜狗拼音输入法官方网站：http：//pinyin. sogou. com/

搜狗拼音输入法官方博客：http：//pinyin. blog. sohu. com/

练　习

1. 五笔字型简码训练

训练 1（高频字的录入练习）

我对犯发是人一四大环节考间哦上人国工民一同以发要工民同以在地人不为一经以人要并对国工主民了经德的格要我工这和主以有人了发同这为人的在有

训练 2（二级简码录入练习）

生主行计导天盯知庆居末虎条订民开止长度收下旧处让慢理占得刘避事卤各训惭为届现睡向玫肯笔放怕珠具物诉愉表餐秀衣懈珍眩答认心列瞳称义习玉步人方科说屡不瞎秒就忱忆与眼管这敢屯皮秘记恨妻此季离怪到委么充第率二量后闰卫寺时持承霜果打亲阿找并陈直早年站提间阳吉部职协曙押曾阵南遇才昨手圾明扔前阴夫蛤失闪队交坟景扩六防增暗拉立联示晃朱冰孙赤显搂普呆采洒杂左呀肛江毁丰中胆右吕右澡肋渐舅面员肌没帮少九原听遥泊胡吸朋脸兴克史胸光婚太嘛及注妨磁啼胶洋嫌砂膛水录灰吵淡灵达喧叫甩沁刀顾啊服池好

2. 自选一篇文章。同学们之间自由组合，采用各种输入法比赛打字速度。

项目六　日常现金管理规范

任务一　库箱开启、封装业务规程

一、库箱开启业务规程

库箱开启的业务流程如图 6－1 所示。

图 6－1　库箱开启业务流程图

（1）接收款箱。运钞车辆到达网点，运钞人员将库箱护送到营业大厅，柜员核实交接员身份后，由两名柜员凭交接清单清点、核实款箱数，检查款箱封签、锁具完好与否，确认无误后，办理交接手续。若有不符，应及时报告并查实处理。

（2）领取钱箱。网点各柜员经营业经理授权后分别领取钱箱。

（3）清点钱箱。柜员对各自的实物现金的币种、券别张数分别进行明细清点核算，同时再与库箱封签金额表、柜员钱箱余额表核对相符。

（4）完成交接。

二、库箱封装业务规程

库箱封装业务流程如图 6－2 所示。

图 6－2　库箱封装业务流程图

（1）柜员平账。柜员通过平账器，系统自动进行平账。打印柜员平账报告、柜员重要空白凭证核对表和柜员钱箱余额表，整理核对交易清单。

（2）账实核对。柜员将钞券装箱，然后点捆把卡、清点零头、加计总数。对钱箱内的现金（含本、外币）、有价单证、重要空白凭证、代保管库房实物等进行账款、账证、账实核对，并检查账务平衡。柜员确认账务平衡后必须交叉互换钱箱（2 人以上柜员之间不得定向交接），当时当面办好交接手续，并在监控录像范围内清点全部现金、有价单证、重要空白凭证、代保管库房实物等，如有不符，应立即报告内勤行长或会计主管处理。

（3）两名柜员会同对库箱上锁，锁头上加贴封签，封签上注明日期、行名、库箱金额并在封签处加盖名章。柜员在柜员钱箱余额表上加盖名章，柜员余额表随当日传票装订。

（4）柜员核实押运人员身份，交出库箱并办妥交接，库箱入库。

任务二　柜员领解现金业务规程

一、柜员领用现金业务规程

（1）柜员向管库员申请领现，并经管库员同意。

（2）管库员按柜员要求的券别、金额配款并自复平衡。

（3）管库员将款项交给柜员，柜员会同管库员在监控下当场清点，如发现款项差错则全数退还管库员重配。

（4）管库员使用领用现金交易处理，输入币种、券别、金额、领用柜员号等要素，柜员确认。

（5）柜员将领入款项入箱保管。

二、柜员上解现金业务规程

（1）柜员向管库员申请上解现金，并经管库员同意。

（2）柜员将款项交给管库员，柜员会同管库员在监控下当场清点，如发现款项差错则全数退还柜员。

（3）管库员使用上解现金交易处理，输入币种、券别、金额、上解柜员号等要素，柜员确认。

（4）管库员将领入款项入箱保管。

任务三　现金出纳业务基本规范

一、现金出纳业务基本原则

（1）双人临柜、双人管库、双人守库、双人押运。

① 双人临柜，复核为准。银行一切现金收付业务，必须由两名或两名以上的人员

办理，对接受的现金业务款由一人清点，另一人复核，现金数额以复核数额作为标准的支取数额。如果初审与复核发生分歧，如数额不符、有假钞，初审要服从复核结果。这一规定有利于加强银行内部现金管理，减少风险。

② 双人管库。所有设置库房的营业单位，必须选配两名政治责任心强、业务熟练的正式职工担任库房管理工作。办理库房业务时，两名管库员必须同进同出，共同操作，相互监督。

③ 双人守库。各级出纳库房必须由两名或两名以上政治素质好，防范警惕高，防御能力强，对工作高度负责的人员看守。

④ 双人押运。银行现金、有价证券的调拨运送，必须由两名以上专职安全保卫人员共同武装押运，确保安全。

（2）账实分管、收付分开、交接清楚、责任分明。

① 账实分管、收付分开。账实分管，即管现金的不管账，管账的不管现金。出纳员，负责办理现金收付业务和现金保管业务，但不得兼管稽核、会计档案保管和收入、费用、债权、债务账目的登记工作。同时，收款与付款业务不能由同一人办理。

② 交接清楚。本外币现金、金银、有价单证和代管物品的转移，出纳业务印章、凭证、铜牌的转移，出纳库房、库箱（袋）钥匙的转移，必须由当事人双方当时当面清点核对，无误后，双方交接人签字，监交人签字。

出纳人员调动时，交出人必须将经管的本外币现金、金银、有价单证、代管物品、出纳业务印章、凭证、铜牌、出纳库房、库箱（袋）钥匙移交清册，经接收人、监交人会同清点核对、签字，办妥交接手续。

③ 责任分明。出纳人员办理出纳业务和各项交接时必须加盖名章或输入密码确认，以明责任。出纳工作必须贯彻“谁经办谁确认、谁确认谁负责”的责任原则，其中，双人会同和双人经办业务必须贯彻共同负责的原则。

（3）收入现金先收款后记账，付出现金先记账后付款，收购金银先收实物后付款，配售金银先收款后付实物。收必复点，付必复核；手续严密，数字准确。

（4）严禁挪用库存现金、金银。

（5）严禁白条抵库。白条抵库，是指支出现金时没有发票或收据等正规付款凭证，只是用白纸写了一个收条或欠条作为现金库存。用白条抵库，会使实际库存现金减少，日常开支所需现金不足，还会使账面现金余额超过库存现金限额，难以进行财务管理。严重的，还容易产生挥霍浪费、挪用公款等问题。这种行为，如果规模较小，属于一般违法行为，如果情节严重，则属于犯罪行为。

（6）坚持查库制度。采用突击检查方式定期检查出纳库房、库箱（袋），检查的具体内容有：

① 清点库存现金、金银等实物是否账实相符，有无白条抵库和挪用库款情况，是否发生虫蛀、鼠咬、霉烂等事故。

② 库房、保险柜的锁和钥匙的使用、管理情况。锁是否发生损坏，有无擅自更换情况。

③ 各项安全措施（包括联防组织）是否落实，双人管库和双人守库是否坚持执行。

④ 库房、保险柜和守库室的安全设备是否齐全，是否符合安全条件。

二、现金业务基本规定

（1）现金收付必须坚持双人临柜复核制，严禁一人对外办理现金收付业务。

（2）收入现金，要根据客户填制的交款凭证经审查无误后办理。收入现金要当面点清（另有协议者除外）。收妥后在凭证上要加盖有关名章和现金收讫章，同时登记“现金收入日记簿”。

（3）付出现金，必须根据会计审核签章后的付款凭证办理。要先审核凭证，并凭以登记“现金付出日记簿”配款后，在凭证上加盖有关名章，将现金复核付出。付出现金要当面点交清楚，银行封签（包括原封新票币）对外无效。

（4）出纳人员要通过现金收付业务研究主辅币的收付规律。付出现金要根据市场需求合理搭配券别，有计划地做好主辅币的调剂工作。

（5）凡收入的现金，必须进行复点整理，未经复点不得对外支付和解缴人民银行发行库。

整点时，纸币按券别100张为把，平铺捆扎，10把为捆，以双十字捆扎；硬币百枚（如习惯50枚亦可）为卷，10卷为捆。每把（卷）须盖带行号的经手人名章，每捆须在绳头结扣处贴封签，注明行名、券别、金额、封捆日期，并加盖封捆员名章。凡经过整点的票币，要做到数字准确，完整票币和损伤票币分开，蹾齐、捆紧，印章清楚。

整点损伤人民币时，除按上述方法整点外，还应分版别捆扎。

人民币装箱（袋）时，必须3人共同核对，并按同一种券别封装，填制装箱（袋）票，放置箱（袋）内人民币面上。箱（袋）要由3个人负责经办加封，箱（袋）外要加标签注明行名、经办人员名章、券别代号和捆数。

（6）每日营业终了，要将现金与凭证、账簿汇总结扎，核对相符，并与会计部门核对，由会计在库存簿上签章，现金必须全部入库。中午休息时，现金也必须入库保管。营业终了后收款与节假日收款，作为次日（假日顺延）的业务款处理。

项目七　利息计算

【案例导入】

一张到期存单　银行算出俩金额

同样的存款数额，同样的存期，而银行结算后出具的两张单据数额却不同。昨天，张先生致电本报反映，他到银行提取6年定期存款时，银行出具的“取款回单”上的结算数据，比他要求银行打出的“流水单”上的结算数据少了6元多钱。“虽然这张流水单比取款回单多出6元多钱，但银行每天交易量这么大，相差总额绝不是几块钱了。”张先生生气地说。

张先生说，1998年11月30日，他在中国银行团结湖分理处存款7 600多元，定期6年。今年11月30日，他如期前往银行取款。连本金带利息，张先生共拿到9 155余元。当时银行还向张先生提供了一张“取款回单”，回单上只是简单列举了存款的总利息、税后息等内容。细心的张先生又要求银行再打一张具体的年息、税后息的清单，业务员便应张先生的要求打出一张“流水单”。让张先生意外的是，这张“流水单”竟然与“取款回单”上结算数据不一样，流水单的数据是9 161余元，比取款回单上数据多出6元多。对此，银行却无法给出合理答复。

记者随同张先生来到团结湖北口的中国银行。该行的负责人刘女士说，流水单只有客户要求的时候才打印，但流水单只是作为参考的单据。对于取款回单和流水单上的数据哪个准确的问题，刘女士说，两个数据都是同一系统处理的结果，应该是以取款回单上的结算数据为准。至于两张单据为什么会出现两种结果，刘女士说，可能是系统设置问题，他们已经将这一情况反映到上级部门，结果还没有出来。刘女士还说，整个华北地区的银行分理处都是使用这一操作系统。究竟什么原因导致这种差错，该分理处表示今天可以出结果。

《一张到期存单　银行算出俩金额》追踪

本报以《一张到期存单　银行算出俩金额》为题，报道了张先生到银行提取6年定期存款时，银行出具的“取款回单”上的结算数据与“流水单”上的结算数据少了6元多钱。报道刊出后，引起社会广泛关注。读者纷纷以电话或电子邮件方式反映办理银行业务时的感受，还有的读者拿起笔来手工计算张先生的存款利息。

读者陈先生在电子邮件中说：“既然电脑计息存在差错，那就以我多年未忘的手工计息给大家展示一下。”根据报道中提供的数据，陈先生将利息、利息税，以及税后利息等数据的计算过程都一一列举出来，计算的最后数据是9 155.66元，比中行出具的“取款回单”上少了1分钱。陈先生说，1分钱属于正常误差范围，所以，银行支付张先生的利息是正确的。另外陈先生指出，流水单上显示的8 604.6元，是在计算第一个存期利息时，天数计算有误，电脑系统分别按360天和720天计算而出的。

陈先生在电子邮件中还说：“引起张先生生气的是不仅仅是两张单据上的金额不同，更重要的是银行工作人员没向储户尽量解释清楚。银行工作人员要重视柜台服务工作，不要有问题就将问题推向不会说话的电脑，而柜员、所主任、经理等是会说话的。这一点我深有体会，当时如果将上述计算过程向储户讲明，或许张先生的气会小一点。”

资料来源：北京青年报2004年12月03日

利息是因借贷行为而产生的，由借款人支付给存款人超过本金的那部分金额，是货币所有者把货币资金的使用权让渡给使用者所取得的代价。银行作为信用中介，在向借款人收取利息、向存款人支付利息的过程中，必须做到准确地计算利息。其实，这也是对银行会计核算最最基本的要求之一。

任务一　储蓄业务利息计算

一、普通活期储蓄

1. 普通活期储蓄的业务定义

活期储蓄指不规定存期、客户可随时存取、存取金额不限，并可在同城中行网点实现通存通兑的一种个人储蓄方式。

2. 活期存款的计息方法

（1）人民币活期储蓄存款利息的计算方法如下：

①《储蓄管理条例》实施后，不论何时存入的活期储蓄存款，如遇利率调整，不分段计息，均以结息日挂牌公告的活期储蓄存款利率计付利息。未到结息日清户的，按清户日挂牌公告的活期储蓄存款利率算至清户日的前一天止。

② 活期利息的计算采用积数计息法。

积数计息法就是按实际天数每日累计账户余额，以累计计息积数乘以日利率计算利息的方法。积数计息法的计息公式为：

利息 = 累计计息积数 × 日利率

具体做法：开户时记入发生额、余额，第二次存、取款时结出余额后，计算与第一次发生日的天数，乘以第一次的结存余额，得出的利息积数记入第一次存入日的“积数和”栏位；第三次存、取款时，计算第二次与第三次之间的天数，乘以第二次的结存余额，得出的利息积数与上次的利息积数相加，记入第二次业务发生日的“积数和”栏位，以此类推。办理结清账户业务或到结息日时，将利息积数累计之和乘以结清日或结息日挂牌公告的活期日利率，即得出应付利息。

【例1】某储户活期储蓄存款账户变动情况如表7-1所示（单位：人民币元），银行计算该储户活期存款账户利息时，按实际天数累计计息积数，按适用的活期储蓄存款利率计付利息。

表7-1　某储户活期存款账户变动情况表

日期	存入	支取	余额	计息期	天数	累计计息积数
2007.1.2	10 000		10 000	2007.1.2—2007.2.2	32	32×10 000 = 320 000
2007.2.3		3 000	7 000	2007.2.3—2007.3.10	36	36×7 000 + 320 000 = 572 000
2007.3.11	5 000		12 000	2007.3.11—2007.3.20	10	10×12 000 + 572 000 = 692 000
2007.3.20		12 000				

银行每季末月20日结息，2007年3月20日适用的活期存款利率为0.72%。因此，到2007年3月20日营业终了，银行计算该活期存款的利息为：

利息 = 累计计息积数 × 日利率

= 692 000 × (0.72% ÷ 360)

= 13.84元

二、定期储蓄

（一）整存整取

1. 业务定义

整存整取是由客户与银行约定人民币存期，本金一次存入，到期一次支取本息的储蓄。可分为人民币整存整取和外币整存整取。

2. 币种

外币整存整取现行可存入的货币为：美元、日元、欧元、加元、英镑、港币、澳元、瑞士法郎、新西兰币等。

3. 起存金额

人民币存款50元，丙种外币存款为不低于人民币50元的等值外币，乙种外币存款为不低于人民币500元的等值外币。

4. 存款期限

人民币分为3个月、半年、1年、2年、3年、5年；外币分为1个月、3个月、半年、1年、2年。

5. 计息方法

（1）人民币整存整取利息的计算方法如下：

① 对《储蓄管理条例》实施前存入的各种定期储蓄存款，在原定存期内如遇利率调整，分段计息，就高不就低；部分提前支取，以一次为限。全部提前支取和部分提前支取部分，按实际存期同档次利率计息，遇利率调整，无论调高调低，均分段计息。未提取部分仍按原存入日期和原利率另开新存单；定期存款逾期支取，其逾期部分的计息，以《储蓄管理条例》生效日为界，之前的逾期部分仍按原存入日所定利率，算至取款日的前一天止。如遇利率调整，过期部分分段计息；之后的逾期部分，按支取日挂牌公告的活期存款利率计付利息。

②《储蓄管理条例》实施后存入的各种定期储蓄存款，在原定存期内如遇利率调整，不论调高或调低，均按存入日公告相应存期的利率计付利息，不分段计息；未到期的定期储蓄存款，全部提前支取或部分提前支取的部分按支取日挂牌公告的活期储蓄存款利率计付利息；逾期支取定期储蓄存款，逾期部分按支取日挂牌公告的活期储蓄存款利率计付利息。

③ 1993年3月1日至7月10日存入的定期储蓄存款，存期为三个月和半年期的存款，计息规定仍按《储蓄管理条例》规定执行；存期为一年、二年期的储蓄存款，在原定存期内，从存单开户日至7月10日一律按活期利率2.625‰计息，7月11日至原存单到期日按7月11日调整后的原存单期限档次利率计息，原存期不延长；存期为三年、五年期的储蓄存款，从存单开户日至7月10日按存单开户日所定利率计息，不分段计息，7月11日至存单到期日，按调整后的利率计息。

④ 计算利息的基本公式：利息 = 本金 × 存期 × 利率

⑤ 计算利息时，本金以“元”为起息点，元以下不计息，如分段计息，各段利息算至厘位后相加，最后结果四舍五入到分位。

（2）外币整存整取储蓄存款利息的计算方法如下：

① 存期内按存入时原定利率计息，遇利率调整，不分段计息。

② 提前结清，按结清日外币活期存款利率计息；如部分提前支取，未提前支取部分仍按存入时所定利率计息。

③ 逾期支取，其逾期部分按支取日外币活期存款利率计息。

④ 计算利息时，单位货币以下不计息。如支取外币现钞，单位货币以下的辅币均折算成人民币支付。

【例2】某储户在2007年2月10日存入3 000元整存整取定期储蓄存款，定期六个月，开户年利率为2.25%。储户于2007年8月30日来销户（支取日挂牌公告的活期储蓄存款年利率为0.81%）

含税到期利息 = 3 000 × 6 × 2.25% ÷ 12 = 33.75（元）

2007 年 8 月 10 日至 8 月 15 日含税逾期利息

$=3\,000\times5\times0.81\%\div360=0.3375$（元）

2007 年 8 月 15 日至 8 月 30 日含税逾期利息

$=3\,000\times15\times0.81\%\div360=1.0125$（元）

扣税后支付给储户的利息

$=(33.75+0.3375)\times(1-20\%)+1.0125\times(1-5\%)=28.23$（元）

阅读材料：利息税

我国现行所谓“利息税”实际是指个人所得税的“利息、股息、红利所得”税目，主要指对个人在中国境内储蓄人民币、外币而取得的利息所得征收的个人所得税。

2008 年 10 月 8 日国家宣布次日开始取消利息税，同时存款利率下调 0.27 个百分点。具体办法为，储蓄存款在 1999 年 10 月 31 日前的利息所得，不征收个人所得税；在 1999 年 11 月 1 日至 2007 年 8 月 14 日的利息所得，按照 20% 的比例征收个人所得税；在 2007 年 8 月 15 日至 2008 年 10 月 8 日的利息所得，按照 5% 的比例征收个人所得税；储蓄存款在 2008 年 10 月 9 日后（含 10 月 9 日）的利息所得，暂免征收个人所得税。

（二）人民币零存整取

1. 零存整取业务定义

零存整取定期储蓄存款是指开户时约定存期，本金分次存入，到期一次支取本息的储蓄存款方式。

2. 存期

存期分一年、三年、五年 3 个档次。

3. 起存金额

起存金额为 5 元人民币。

4. 零存整取计息方法

（1）零存整取储蓄存款的计息规定与人民币整存整取的计息规定相同，即《储蓄管理条例》实施后，无论存期内是否调整过利率，均以开户日所定利率计息；提前支取，按支取日活期利率计息；逾期支取，逾期部分按活期利率计息。

（2）零存整取的利息计算方法，采用积数计息法（参照人民币活期存款利息计算）。

存款到期支取，应付利息 = 累计积数和 × 相应档次的零存整取年利率 ÷ 360

存款未到期提前支取，应付利息 = 累计积数和 × 支取日活期利率 ÷ 360

存款逾期支取，应付利息 = 截止存款到期日累计积数和 × 相应档次的零存整取年利率 ÷ 360 + 到期日存款金额 × 逾期天数 × 支取日活期利率 ÷ 360

5. 零存整取存取规定

（1）到期支取。凡按约定存期连续存满的零存整取储蓄存款，按上述公式计息。中途如有漏存，应在次月补齐，未补存者，视同违约，对违约后存入的部分，支取时按活期利率计息。

（2）逾期支取：逾期利息 = 到期时存款余额 × 逾期天数 × 年利率/360

逾期部分均以支取日活期利率计息。

（3）提前支取。零存整取储蓄存款提前支取，按支取日公告的活期利率计息。

（三）存本取息

1. 存本取息的业务定义

存本取息是指一次存入本金，分次支取利息，到期支取本金的一种储蓄存款。

2. 存期

存期分一年、三年、五年 3 个档次。

3. 存本取息起存金额

起存金额为人民币 5 000 元，多存不限。

4. 存本取息储蓄存款利息的计算方法

（1）到期支取。《储蓄管理条例》实施后存入的存本取息存款，存期内无论利率是否调整，均按原存入日利率计算利息。

计算每次须支取的利息，应在储户存入本金时与银行约定存款期限和支取利息的期限。

计算每次应支取利息额的公式为：

每次支取利息数 = 本金 × 每次取息间隔月数 × 月利率

或　　　　　　　= 本金 × 期限（年限）× 年利率 ÷ 存期内应支取利息的次数

（2）逾期支取。《储蓄管理条例》实施后逾期的存本取息存款，逾期部分按支取日挂牌公告的活期储蓄存款计算利息。

（3）提前支取。存本取息存款提前支取时，须按实际存期和活期储蓄存款利率重新计算利息，并将已分期支付给储户的利息扣回。

提前支取计算公式：

应付利息 = 本金 × 存期（天数）× 活期年利率 ÷ 360

应付储户本息合计 = 本金 + 按活期利率计算的应付利息 − 每次支取利息额 × 已领取次数

【例 3】某储户存入 10 000 元整，存期为 3 年，存入当日的月利率为 9.45‰，每 3 个月支取一次利息，则此储户每次支取利息的金额为：

10 000 × 3 × 9.45‰ = 283.5（元）

上例中，如果在已经付了 4 次利息后储户欲提前支取，而活期利率为月息 1.8‰。

实际的存期为 12 月，则储户可支取：

$10\,000 + 10\,000 \times 12 \times 1.8‰ - 283.5 \times 4 = 9\,082$（元）

（四）定活两便储蓄

1. 定活两便储蓄的业务定义

定活两便储蓄是指本金整笔一次存入，不确定存期，随时可以支取的一种储蓄形式。

2. 定活两便储蓄起存金额

起存金额人民币 50 元，多存不限。

3. 定活两便储蓄存款利息的计算

定活两便储蓄存款的计息规定：定活两便储蓄存款存期在 3 个月以内的按活期计算；存期在 3 个月以上的，按同档次整存整取定期存款利率的六折计算；存期在 1 年以上（含 1 年），无论存期多长，整个存期一律按支取日定期整存整取 1 年期存款利率的六折计息。

定活两便储蓄存款利息计算公式：利息 = 本金 × 存期 × 利率 × 60%。

【例 4】 储户李某于 2007 年 4 月 6 日存入定活两便储蓄存款 1 000 元，于 2007 年 8 月 5 日支取，则实得利息为多少？

这笔存款实际存期为 121 天，超过 3 个月但不到 6 个月，故应按支取日整存整取 3 个月利率（年利率2.34%）打六折计算利息。

含税应得利息 $= 1\,000 \times 121 \times 2.34\% \div 360 \times 60\% = 5.26$ 元

应付利息税 $= 5.26 \times 20\% = 1.05$ 元

实得利息 $= 5.26 - 1.05 = 4.21$ 元

（五）人民币通知存款

1. 人民币通知存款的业务定义

人民币通知存款是指存款人在存入款项时不约定存期，支取时须提前通知银行，约定支取存款金额和日期方能支取的存款方式。通知存款不论实际存期多长，按存款人提前通知的期限长短划分为一天通知存款和七天通知存款两个品种。存款人需一次性存入款项，可以一次或分次支取。该种存款的特点是客户支取方便，并能获得较高的利息收入。

2. 人民币通知存款起存金额和支取金额

人民币通知存款的最低起存金额和支取金额均为 5 万元。

3. 人民币通知存款的计息规定

通知存款支取时，必须提前 1 天或 7 天通知银行，通知方式由开户银行和存款人自行约定，并提交存单。利息按支取日挂牌公告的相应档次利率、支取金额、实存期限计算，利随本清。

【例 5】储户李某于 2009 年 4 月 6 日存入 7 天通知存款 5 万元，于 2009 年 6 月 5 日支取，则利息为多少？（7 天人民币通知存款年利率 1.71%）。

提前 7 天通知存款，即 2009 年 5 月 30 日通知取款，这笔款项实际存期为 60 天。

计算利息：$50\,000 \times 1.71\% \times 60 \div 360 = 142.5$ 元

（六）教育储蓄

1. 业务定义

教育储蓄是指开户时约定存期，本金分次存入，到期时储户凭存折及学校提供的正在接受非义务教育的学生证明（必须是当年有效证明，且一份证明只能享受一次利率优惠）一次支取本息，并免征储蓄存款利息所得税的一种储蓄存款方式。具有储户特定、存期灵活、总额控制、利率优惠、利息免税的特点。

2. 开户

开户时采取实名制，须持储户本人（学生）户口簿或居民身份证到储蓄机构以储户本人（学生）的姓名开立存款账户。

3. 适用对象

在校小学四年级（含四年级）以上学生。

4. 起存金额

最低起存金额为：50 元人民币。最高限额：每一账户本金合计最高限额为 2 万元人民币。

5. 存期

存期为一年、三年、六年。

6. 计息方法

实行优惠利率，一年期按开户日中国人民银行公告的一年期整存整取定期储蓄存款计付利息；三年期按开户日中国人民银行公告的三年期整存整取定期储蓄存款计付利息；六年期按开户日中国人民银行公告的五年期整存整取定期储蓄存款计付利息。在存期内遇有利率调整，按存折开户日挂牌公告的相应储蓄存款利率计付利息，不分段计息。

7. 存款方式

开户时储户应与银行约定每月固定存入的金额，分次存入，途中如有漏存，应在次月补存；未补存者视同违约，对违约后存入部分视同活期存款管理。

8. 支取

到期支取时，储户凭存折及学校提供的正在接受非义务教育的学生身份证明（以下简称“证明”）一次支取本金和利息，享受国家规定的教育储蓄优惠利率，并免征教育储蓄存款利息。一份“证明”只能享受一次利率优惠。不能提供“证明”的，按实际存期和开户日挂牌公告的同期同档次零存整取储蓄存款利率计付利息。

提前支取时，储户能提供“证明”的，按实际存期和开户日挂牌公告的同档次整存整取储蓄存款利率计付利息，并免征教育储蓄存款利息所得税。

任务二　零售贷款业务利息计算

一、零售贷款的业务定义

零售贷款是专门的金融机构向消费者个人或居民家庭提供的，为满足取得消费资料或小额投资经营资金需求的贷款。

二、零售贷款的品种

零售贷款的品种有个人住房贷款、个人住房公积金贷款、个人二手住房贷款、法人住房贷款、个人住房组合贷款、汽车消费贷款、个人商业用房贷款、个人投资经营贷款、国家教育助学贷款、商业性教育助学贷款、出国留学外汇贷款、个人存单质押贷款、凭证式国债质押贷款、记账式国债质押贷款、小额信用消费贷款、大额耐用消费品贷款、家居装修贷款、度假旅游消费贷款等。

三、贷款利息计算的基本方法

（一）等额本息还款法

等额本息还款法是把按揭贷款的本金总额与利息总额相加，然后平均分摊到还款期限的每个月中，每个月的还款额是固定的，但每月还款额中的本金比重逐月递增、利息比重逐月递减。这种方法是目前最为普遍，也是大部分银行长期推荐的方式。即贷款期每月以相等的额度平均偿还贷款本息。

$$每月等额还本付息额=\frac{贷款本金\times月利率\times(1+月利率)^{还款期数}}{(1+月利率)^{还款期数}-1}$$

其中：还款期数 = 贷款年限 ×12

【例6】如果商业性贷款20万元，贷款期为15年，年利率为5.58%，则每月等额还本付息额为：

月利率为5.58% ÷12 =4.65‰，还款期数为15 ×12 =180。

$$\frac{200\ 000\times0.465\%\times(1+0.465\%)^{180}}{(1+0.465\%)^{180}-1}=1642.66元$$

即借款人每月向银行还款1642.66元，15年后，20万元的借款本息就全部还清。

（二）等额本金还款法

等额本金还款法，又称利随本清、等本不等息还款法。贷款人将本金分摊到每个月内，同时付清上一交易日至本次还款日之间的利息。这种还款方式相对等额本息而言，总的利息支出较少，但是前期支付的本金和利息较多，还款负担逐月递减。

等额本金还款法是一种计算非常简便、实用性很强的还款方式。基本算法原理是在还款期内按期等额归还贷款本金，并同时还清当期未归还的本金所产生的利息。方式可以是按月还款和按季还款。由于银行结息惯例的要求，一般采用按季还款的方式（如中国银行）。

还本付息计算公式为：

每月还本金额 = 贷款本金 ÷ 贷款月数

每月还本付息额 = 每月还本金额 + 贷款余额 × 年利率 × 实际天数 ÷ 360

使用等额本金还款，开始时每月负担比等额本息要重，尤其是在贷款金额比较大的情况下，相差可能达千元。但是，随着时间推移，还款负担逐渐减轻。这种方式很适合目前收入较高，但是已经预计到将来收入会减少的人群。

等额本金还款法相比等额本息还款法所付利息少，但两者的差额会随着贷款金额的降低及贷款年限的缩短而减小。等额本息法每月的还款额一样，便于记住每月还款额；而等额本金法开始的还款压力大，后期压力较小，利息总支出较少，但每月还款额变化。

练　习

1. 储户王某于2010年1月10日开立活期储蓄存折户，其存款账如下，请计算结息日和销户日的利息。（活期储蓄存款利率按0.72%计算）

日期	摘要	存入	支取	存款余额	计息期	天数	计息积数
2010.04.21	新开户	3 000					
2010.05.15	支取		1 500				
2010.06.21	利息入户						
2010.06.21	代扣税						
2010.08.15	税后息						
2010.08.29	续存	2 600					
2010.09.21	税后息						
2010.12.07	销户						

2. 储户于2009年3月6日存入的20 000元一年期整存整取储蓄存款，于

（1）2009年9月26日部分提前支取5 000元；

（2）2010年3月30日销户；

（3）一年期整存整取利率为2.25%，活期利率为0.36%。

分别计算部分提前支取和销户时的利息。

参考文献

[1] 陈世文. 会计技能训练 [M]. 广州：华南理工大学出版社，2010.

[2] 刘双红. 商业银行综合柜台业务 [M]. 北京：经济科学出版社，2010.

[3] 高翠莲. 会计职业认知与基本技能训练 [M]. 北京：中国人民大学出版社，2010.

[4] 吕芙蓉，张莉. 银行柜面技能 [M]. 北京：高等教育出版社，2007.

[5] 武飞. 商业银行综合柜员岗位实训 [M]. 上海：上海财经大学出版社，2006.

[6] 王汝梅. 银行柜员实训 [M]. 北京：中国劳动社会保障出版社，2005.

[7] 黎贤强. 商业银行综合柜台业务 [M]. 杭州：浙江大学出版社，2005.

[8] 方秀丽. 商业银行柜面操作技能 [M]. 杭州：浙江大学出版社，2004.

[9] 段文平. 会计基础技能训练 [M]. 北京：中国纺织出版社，2001.